DÖRLEMANN

Virginia Woolf
Mrs Dalloways Party
Stories

*Aus dem Englischen und mit einem Nachwort
von Hans-Christian Oeser*

DÖRLEMANN

Die deutsche Übersetzung folgt der Ausgabe Virginia Woolf, *Mrs. Dalloway's Party. A Short Story Sequence*. Edited, with an introduction, by Stella McNichol, London: The Hogarth Press, 1973.

Für den Blick hinter die Verlagskulissen:
www.doerlemann.ch/newsletter

Alle Rechte vorbehalten
Für die deutschsprachige Ausgabe
© 2025 Dörlemann Verlag AG,
Neptunstrasse 20, CH-8032 Zürich
verlag@doerlemann.ch
GPSR-Kontakt: Schöffling & Co. Verlagsbuchhandlung GmbH,
Kaiserstraße 79, D-60329 Frankfurt am Main
info@schoeffling.de
Der Verlag behält sich eine Nutzung des Werkes für Text-
und Data-Mining im Sinne des § 44b UrhG ausdrücklich vor.
Covermotiv: © Esme Lonsdale
Covergestaltung und Satz: Lara Flues, Kampa Verlag
Gesetzt aus der Stempel Garamond LT / 1. Auflage 2025
Druck und Bindung: Friedrich Pustet, Regensburg
Auch als E-Book erhältlich
ISBN 978 3 03820 155 7
www.doerlemann.ch

Inhalt

Mrs Dalloway in der Bond Street   7

Der Mann, der seinesgleichen liebte   21

Die Vorstellung   31

Vorfahren   41

Zusammen und getrennt   47

Das neue Kleid   59

Ein Resümee   73

Nachwort   79

Mrs Dalloway
in der Bond Street

Mrs Dalloway sagte, sie werde die Handschuhe selbst besorgen. Als sie auf die Straße trat, schlug Big Ben. Es war elf Uhr und die unverbrauchte Stunde so frisch, als sei sie Kindern am Strand zugedacht. Doch in dem bedächtigen Schwung der wiederholten Schläge lag etwas Feierliches; im Raunen der Räder, im Schlurfen der Schritte etwas Mitreißendes.

Zweifellos waren nicht alle zu beglückenden Besorgungen unterwegs. Über uns gibt es weit mehr zu sagen, als dass wir durch die Straßen von Westminster laufen. Auch Big Ben ist nichts weiter als von Rost zerfressenes Eisengestänge – wäre da nicht die Fürsorge der Baubehörde Seiner Majestät. Nur für Mrs Dalloway war der Augenblick vollkommen, für Mrs Dalloway war der Juni frisch. Eine glückliche Kindheit – und nicht nur in den Augen seiner Töchter war Justin Parry ein feiner Kerl gewesen (auf der Richterbank natürlich schwach); abends Blumen, emporsteigender Rauch; das Krächzen der Saatkrähen, die herabstürzten von hoch oben, herab, herab durch die Oktoberluft –, nichts kann der Kindheit ihren Platz streitig machen. Ein Blatt Minze bringt sie zurück: oder eine Tasse mit einem blauen Ring.

Die armen kleinen Wichte, seufzte sie und drängte weiter. Oh, direkt vor den Nasen der Pferde, du kleiner Teufel!, und da stand sie nun am Rinnstein und streckte die Hand aus, während Jimmy Dawes auf der anderen Straßenseite grinste.

Eine charmante Frau, sprungbereit, ungeduldig, seltsam weißhaarig angesichts ihrer rosigen Wangen – so sah sie Scope Purvis, Companion of the Order of Bath, als er zu seinem Büro eilte. Sie straffte sich ein wenig, wartete darauf, dass Durtnalls Lieferwagen vorüberfuhr. Big Ben schlug zum zehnten Mal, schlug zum elften Mal. Die bleiernen Schwingungen verebbten in der Luft. Stolz verhalf ihr zu einer aufrechten Haltung – erben, weitergeben, vertraut sein mit Disziplin und Leid. Wie die Menschen litten, wie sie litten, sinnierte sie und musste an die juwelenbehangene Mrs Foxcroft denken, die am Vorabend in der Botschaft gesessen und sich vor Sorgen verzehrt hatte, weil der nette Junge tot war und das alte Herrenhaus (Durtnalls Lieferwagen war vorübergefahren) jetzt einem Cousin zufiel.

»Guten Morgen«, sagte Hugh Whitbread und lüftete vor dem Porzellanladen ziemlich übertrieben den Hut, denn sie hatten einander schon als Kinder gekannt. »Wo geht's hin?«

»Ich liebe es, in London spazieren zu gehen«, sagte Mrs Dalloway. »Viel schöner, als auf dem Land spazieren zu gehen!«

»Wir sind eben erst in die Stadt gekommen«, sagte Hugh Whitbread. »Leider nur, um Ärzte aufzusuchen.«

»Milly?«, fragte Mrs Dalloway, die sofort Anteil nahm.
»Nicht ganz auf der Höhe«, sagte Hugh Whitbread. »So was in der Art. Mit Dick alles in Ordnung?«
»Bestens!«, sagte Clarissa.

Natürlich, dachte sie, als sie weiterging, Milly ist etwa in meinem Alter – fünfzig – zweiundfünfzig. Dann ist es wahrscheinlich *das*. Hughs Benehmen hatte es ausgedrückt, perfekt ausgedrückt – der gute alte Hugh, dachte Mrs Dalloway und erinnerte sich belustigt, dankbar, gerührt daran, wie schüchtern Hugh gewesen war, als er in Oxford studierte und herüberkam, ganz wie ein Bruder – eher wollte man sterben als mit seinem Bruder reden –, und eine von ihnen (verflixte Sache!) womöglich nicht mit ausreiten konnte. Wie konnten Frauen dann im Parlament sitzen? Wie konnten sie mit Männern Dinge tun? Denn es gibt diesen außerordentlich tiefen Instinkt, etwas im eigenen Innern; man kann's nicht überwinden; sinnlos, es auch nur zu versuchen; und Männer wie Hugh respektieren es, ohne dass wir es aussprechen, und das ist es, was man am guten alten Hugh liebt, dachte Clarissa.

Inzwischen war sie durch den Admiralty Arch geschritten, und am Ende der leeren Straße mit ihren dürren Bäumen sah sie Victorias hochaufgetürmten weißen Busen, Victorias wogende Mütterlichkeit, Fülle und Vertrautheit, stets lächerlich, und doch, wie erhaben, dachte Mrs Dalloway und erinnerte sich an die Kensington Gardens und die alte Dame mit Hornbrille, daran, wie das Kindermädchen ihr befohlen hatte, reglos stehen zu bleiben und sich vor der Queen zu verneigen.

Über dem Palast wehte die Flagge. Also waren King und Queen zurück. Dick hatte sie erst kürzlich beim Mittagessen getroffen – eine durch und durch angenehme Frau. So wichtig für die Armen, dachte Clarissa, und für die Soldaten. Auf einem Sockel zu ihrer Linken stand in heroischer Pose ein Mann aus Bronze mit Gewehr – der Burenkrieg. So wichtig, dachte Mrs Dalloway, als sie zum Buckingham Palace schritt. Da stand er, in hellem Sonnenschein, unnachgiebig, kompromisslos, schlicht. Aber er hatte Charakter, dachte sie; etwas der Nation Angeborenes, das die Inder respektierten. Die Queen suchte Spitäler auf, eröffnete Wohltätigkeitsbasare – die Königin von England, dachte Clarissa, als sie den Palast betrachtete. Schon zu dieser Stunde fuhr ein Automobil zum Tor hinaus; Soldaten salutierten; das Tor wurde geschlossen. Und Clarissa überquerte die Straße und betrat den Park, wobei sie sich aufrecht hielt.

Der Juni hatte den Bäumen jedes Blatt entlockt. Westminsters Mütter mit marmorierten Brüsten säugten ihre Jungen. Recht ehrbare Mädchen lagen ausgestreckt im Gras. Ein älterer Mann bückte sich steif, hob ein zerknittertes Stück Papier auf, strich es glatt und warf es wieder weg. Wie furchtbar! Gestern Abend in der Botschaft hatte Sir Dighton gesagt: »Wenn ich will, dass jemand mein Pferd hält, brauche ich nur die Hand zu heben.« Doch die religiöse Frage sei viel ernster als die wirtschaftliche, hatte Sir Dighton gesagt, was sie bei einem Mann wie Sir Dighton außerordentlich interessant fand. »Oh, das Land wird nie erfahren, was es verloren hat«, hatte er gesagt, als er aus eigenem Antrieb von dem lieben Jack Stewart sprach.

Leichtfüßig stieg sie den kleinen Hügel hinan. Die Luft knisterte vor Energie. Von der Flotte wurden der Admiralität Botschaften übermittelt. Piccadilly, Arlington Street und die Mall schienen die Parkluft aufzuladen und die Blätter zu heben, heiß und glänzend, auf Wogen jener göttlichen Lebenskraft, die Clarissa so liebte. Zu reiten; zu tanzen; wie hatte sie für all das geschwärmt. Oder lange Spaziergänge auf dem Land, Gespräche über Bücher, darüber, was man mit seinem Leben anfangen sollte, denn junge Leute waren erstaunlich hochnäsig – ach, was hatte man nicht alles gesagt! Aber man besaß Überzeugungen. Mittleren Alters zu sein war des Teufels. Menschen wie Jack werden es nie erleben, dachte sie; denn an den Tod hat er nie gedacht, nie gewusst, dass er stirbt, hieß es. *Und kann nun nie betrauern* – wie ging das noch gleich? – *einen umsonst ergrauten Schopf … Kein Makel dieser Welt kann ihn noch infizieren … Sie leerten hier ein Glas und sind verlöscht … Kein Makel dieser Welt kann ihn noch infizieren!* Sie hielt sich aufrecht.

Aber wie hätte Jack geschrien! Shelley zitieren, in der Piccadilly! »Du brauchst eine Nadel«, hätte er gesagt. Er hasste vertrocknete alte Schachteln. »Mein Gott, Clarissa! Mein Gott, Clarissa!« – sie konnte ihn jetzt noch hören, wie er auf der Party im Devonshire House über die arme Sylvia Hunt mit ihrem Bernsteincollier und dem unvorteilhaften alten Seidenkleid herzog. Clarissa hielt sich aufrecht, denn sie hatte laut gesprochen, und jetzt war sie in der Piccadilly, ging vorbei an dem Haus mit den schlanken grünen Säulen und den Balkonen; ging vorbei an den Klubfenstern voller Zeitungen; ging vorbei am Haus der alten Lady Burdett Coutt, wo früher der verglaste weiße Papagei hing; und am Devonshire House ohne seine vergoldeten Leoparden; und am Claridge's, wo sie daran denken musste, dass Dick wollte, dass sie eine Karte für Mrs Jepson hinterließ, sonst wäre diese bald fort. Reiche Amerikanerinnen können sehr charmant sein. Da war der St. James's Palace; wie ein Kinderbau aus Ziegelstein; und jetzt – sie hatte die Bond Street passiert – blieb sie vor Hatchard's Buchhandlung stehen. Der Strom war endlos – endlos – endlos. Lords, Ascot, Hurlingham – was davon war es? Was für ein Täubchen, dachte sie, als sie das Titelbild eines Memoirenbandes betrachtete, der im Schaufenster ausgestellt war, vielleicht von Sir Joshua Reynolds gemalt oder von George Romney; spitzbübisch, gescheit, zurückhaltend; diese Art Mädchen – wie ihre Elizabeth –, die einzig *wahre* Art Mädchen. Und dann war da noch dieses absurde Buch, *Mr Sponge's Sporting Tour*, aus dem Jim ellenlang zitierte, und Shakespeares *Sonette*. Die kannte sie auswendig. Phil und sie hatten den ganzen Tag über die Dunkle Dame gestritten, und beim Abendessen hatte Dick rundheraus bekannt, von ihr noch nie gehört zu haben. Wirklich, und dafür hatte sie ihn geheiratet! Er hatte noch nie Shakespeare gelesen! Es musste doch ein billiges Büchlein geben, das sie Milly kaufen konnte – natürlich, *Cranford*! Hatte es je etwas so Bezauberndes gegeben wie die Kuh in Unterröcken? Hätten die Menschen heute doch nur diese Art von Humor, diese Art von Selbstachtung, dachte Clarissa, denn sie erinnerte sich an die breiten Seiten; daran, wie die Sätze endeten; an die Figuren – wie man über sie sprach, als wären sie echt. Für alle großen Dinge muss man zurück in die Vergangenheit, dachte sie. *Kein Makel dieser Welt kann ihn noch infizieren … Fürchte nicht mehr Sonnenglut … Und kann nun nie betrauern, und kann nun nie betrauern*, wiederholte sie und ließ den Blick im Schaufenster umherschweifen; denn die Zeile ließ sie nicht mehr los; die Bewährungsprobe großer Poesie; die Modernen hatten nie etwas geschrieben, was man über den Tod lesen wollte, dachte sie; und wandte sich ab.

Omnibusse gesellten sich zu Automobilen; Automobile zu Lieferwagen; Lieferwagen zu Droschken; Droschken zu Automobilen – hier war ein offener Wagen mit einer jungen Frau, allein. Bis vier Uhr aufgewesen, ihre Füße kribbeln, ich weiß, dachte Clarissa, denn nach dem Tanz wirkte die junge Frau in der Ecke des Wagens erschöpft und schlaftrunken. Und ein weiteres Auto kam; und noch eins. Nein! Nein! Nein! Clarissa lächelte gutmütig. Die dicke Dame hatte sich alle erdenkliche Mühe gegeben, aber Diamanten!, Orchideen!, zu dieser Morgenstunde! Nein! Nein! Nein! Der vorzügliche Polizist würde, wenn es so weit war, die Hand heben. Ein anderer Wagen fuhr vorbei. Wie schrecklich unattraktiv! Weshalb sollte sich ein Mädchen in diesem Alter die Augen schwarz anmalen? Und ein junger Mann mit einem Mädchen, um diese Stunde, da das Land – Der bewundernswerte Polizist hob die Hand, und Clarissa würdigte seine Macht, ließ sich Zeit, überquerte die Straße und ging zur Bond Street; sah die enge, krumme Straße, die gelben Fahnen; die dicken Telegraphendrähte, die sich vor dem Himmel spannten.

Vor hundert Jahren war ihr Ururgroßvater Seymour Parry, der mit Conways Tochter durchgebrannt war, die Bond Street hinuntergegangen. Hundert Jahre lang waren die Parrys die Bond Street hinuntergegangen und vielleicht den Dalloways (mütterlicherseits den Leighs) begegnet, als diese die Straße hinaufgingen. Ihr Vater kaufte seine Kleidung bei Hill's. Im Schaufenster lag ein Ballen Stoff, und hier stand nur ein Krug auf einem schwarzen Tisch, unglaublich teuer; wie beim Fischhändler der dicke rosa Lachs auf dem Eisblock. Der Schmuck war exquisit – rosa und orangefarbene Sterne, Strass, spanisch, dachte sie, und Ketten aus altem Gold; funkelnde Schnallen, kleine Broschen, von Damen mit hohem Kopfputz auf meergrüner Atlasseide getragen. Aber nur nicht hinschauen! Man muss haushalten. Sie musste weitergehen, vorbei am Bilderhändler, wo eines dieser seltsamen französischen Gemälde hing, als hätten es die Leute zum Scherz mit Konfetti beworfen – rosa und blau. Wenn man mit Gemälden gelebt hat (und das Gleiche gilt für Bücher und Musik), dachte Clarissa, als sie an der Aeolian Hall vorbeikam, fällt man auf einen Scherz nicht herein.

Der Fluss der Bond Street staute sich. Dort, wie eine Königin bei einem Turnier, erhöht und majestätisch, war

Lady Bexborough. Sie saß in ihrer Kutsche, aufrecht, allein, und schaute durch ihre Brille. Der weiße Handschuh lose an ihrem Handgelenk. Sie trug Schwarz, ziemlich fadenscheinig, und doch, dachte Clarissa, wie außergewöhnlich es von Erziehung und Selbstachtung kündet, nie ein Wort zu viel zu sagen oder die Leute tratschen zu lassen; eine erstaunliche Freundin; nach all den Jahren kann niemand an ihr herummäkeln, und da ist sie jetzt, dachte Clarissa, als sie an der Gräfin vorbeikam, die gepudert wartete, vollkommen still, und Clarissa hätte alles dafür gegeben, so zu sein, die Herrin von Clarefield, die über Politik sprach wie ein Mann. Aber nie geht sie irgendwohin, dachte Clarissa, und es ist ganz zwecklos, sie zu fragen, und die Kutsche fuhr weiter, und Lady Bexborough wurde vorübergetragen wie eine Königin bei einem Turnier, obwohl sie nichts hat, wofür zu leben sich lohnt, und der alte Mann kränkelt und es heißt, sie habe alles satt, dachte Clarissa, und tatsächlich stiegen ihr Tränen in die Augen, als sie den Laden betrat.

»Guten Morgen«, sagte Clarissa mit ihrer charmanten Stimme. »Handschuhe«, sagte sie mit ihrer auserlesenen Freundlichkeit, legte ihre Tasche auf den Ladentisch und begann, ganz langsam die Knöpfe zu öffnen. »Weiße Handschuhe«, sagte sie. »Bis über die Ellbogen«, und sie sah der Verkäuferin geradewegs ins Gesicht – aber das war nicht die junge Frau, an die sie sich erinnerte? Sie wirkte recht alt. »Die hier sitzen nicht richtig«, sagte Clarissa. Die Verkäuferin besah sie. »Madame trägt Armbänder?« Clarissa spreizte die Finger. »Vielleicht sind es meine Ringe.« Und die junge Frau nahm die grauen Handschuhe mit zum Ende des Ladentischs.

Doch, dachte Clarissa, das ist die junge Frau, an die ich mich erinnere, sie ist zwanzig Jahre älter … Es gab nur eine weitere Kundin, die seitlich am Ladentisch saß, den Ellbogen aufgestützt, die nackte Hand ausdruckslos herabhängend; wie eine Figur auf einem japanischen Fächer, dachte Clarissa, vielleicht zu ausdruckslos, aber manche Männer würden sie bewundern. Die Dame schüttelte traurig den Kopf. Wieder waren die Handschuhe zu groß. Sie drehte den Spiegel um. »Ums Handgelenk«, tadelte sie die grauhaarige Frau, die hinschaute und ihr beipflichtete.

Sie warteten; eine Uhr tickte; die Bond Street summte, gedämpft, entfernt; die Handschuhe in der Hand, ging die Frau davon. »Ums Handgelenk«, sagte die Dame klagend und hob die Stimme. Und sie würde Stühle ordern müssen, Eis, Blumen und Garderobenmarken, dachte Clarissa. Die Leute, die sie nicht dabeihaben wollte, würden kommen; die anderen nicht. Sie würde an der Tür stehen. Auch Strümpfe wurden feilgeboten – Seidenstrümpfe. Eine Dame erkennt man an ihren Handschuhen und an ihren Schuhen, pflegte der alte Onkel William zu sagen. Und durch die hängenden Seidenstrümpfe, zitterndes Silber, betrachtete sie die Dame, schlaffe Schultern, herabhängende Hand, verrutschende Tasche, der Blick ausdruckslos auf den Boden geheftet. Es wäre unerträglich, wenn unelegante Frauen zu ihrer Party kämen! Hätte man Keats gelitten, wenn er rote Socken getragen hätte?

Ah, endlich – sie trat an den Tresen, und es schoss ihr in den Sinn:

»Erinnern Sie sich, dass Sie vor dem Krieg Handschuhe mit Perlenknöpfen führten?«

»Französische Handschuhe, Madame?«

»Ja, die waren französisch«, sagte Clarissa. Die andere Dame erhob sich sehr traurig, nahm ihre Tasche und musterte die Handschuhe auf dem Ladentisch. Aber sie waren alle zu groß – stets zu groß ums Handgelenk.

»Mit Perlenknöpfen«, sagte die junge Verkäuferin, die so viel älter aussah. Sie teilte die Seidenpapierbahnen auf dem Ladentisch. Mit Perlenknöpfen, dachte Clarissa, vollendet schlicht – wie französisch!

»Madames Hände sind so schlank«, sagte die Verkäuferin und zog den Handschuh fest und geschmeidig über Clarissas Ringe. Und Clarissa betrachtete ihren Arm im Spiegel. Der Handschuh reichte kaum bis zum Ellbogen. Gab es andere, die anderthalb Zentimeter länger waren? Aber es war ihr unangenehm, die Verkäuferin zu behelligen – womöglich an dem einen Tag im Monat, dachte Clarissa, an dem es eine Qual ist, zu stehen. »Ach, bemühen Sie sich nicht«, sagte sie. Doch die Handschuhe wurden gebracht.

»Sind Sie nicht furchtbar müde«, sagte sie mit ihrer charmanten Stimme, »vom vielen Stehen? Wann bekommen Sie Urlaub?«

»Im September, Madame, wenn wir nicht so viel zu tun haben.«

Wenn wir auf dem Land sind, dachte Clarissa. Oder auf

der Jagd. Sie wird vierzehn Tage in Brighton sein. In einer stickigen Pension. Die Wirtin nimmt ihr den Zucker weg. Nichts wäre leichter, als sie zu Mrs Lumley aufs Land zu schicken (und es lag ihr schon auf der Zunge). Doch dann fiel ihr ein, dass Dick ihr in den Flitterwochen bewiesen hatte, wie töricht es war, jemanden spontan zu beschenken. Viel wichtiger sei es, hatte er gesagt, Handel mit China zu treiben. Natürlich hatte er recht. Und sie spürte, dass es der jungen Frau nicht gefallen würde, beschenkt zu werden. Sie war am richtigen Platz. Genau wie Dick. Handschuhe zu verkaufen war ihr Beruf. Sie hatte ihre eigenen, ganz separaten Sorgen, *und kann nun nie betrauern, und kann nun nie betrauern*, die Worte ließen sie nicht los, *kein Makel dieser Welt kann ihn noch infizieren*, dachte Clarissa und hielt den Arm steif, denn es gibt Momente, in denen es vollkommen nichtig erscheint (der Handschuh wurde abgestreift, und ihr Arm blieb pudergefleckt zurück) – man glaubt einfach nicht mehr, dachte Clarissa, an Gott.

Plötzlich dröhnte der Verkehr; die Seidenstrümpfe erglänzten. Eine Kundin kam herein.

»Weiße Handschuhe«, sagte sie, mit einem Klang in der Stimme, der Clarissa bekannt vorkam.

Früher, dachte Clarissa, war es so einfach. Herab, herab durch die Luft kam das Krächzen der Saatkrähen. Als Sylvia starb, vor Hunderten von Jahren, hatten die Eibenhecken so herrlich ausgesehen, mit ihren diamantenen Spinnweben im Morgendunst vor dem frühen Kirchgang. Aber wenn Dick morgen sterben würde? Was den Glauben an Gott betraf – nein, sie würde die Kinder wählen lassen, aber sie selbst, wie Lady Bexborough, die den Wohltätigkeitsbasar, so hieß es, mit dem Telegramm in der Hand eröffnete – Roden, ihr Liebling, gefallen –, sie würde weitermachen. Aber wozu, wenn man keinen Glauben hat? Den anderen zuliebe, dachte sie und nahm den Handschuh zur Hand. Die junge Frau wäre viel unglücklicher, wenn sie keinen Glauben hätte.

»Dreißig Shilling«, sagte die Verkäuferin. »Nein, verzeihen Sie, Madame, fünfunddreißig. Die französischen Handschuhe kosten mehr.«

Denn man lebt nicht für sich selbst, dachte Clarissa.

Und dann nahm die andere Kundin einen Handschuh und zerrte daran, und er riss ein.

»Da!«, rief sie.

»Ein Fehler im Leder«, sagte die grauhaarige Frau eilfertig. »Manchmal ein Tropfen Säure beim Gerben. Probieren Sie dieses Paar, Madame.«

»Aber es ist ein furchtbarer Schwindel, zwei Pfund zehn Shilling zu verlangen!«

Clarissa sah die Dame an; die Dame sah Clarissa an.

»Seit dem Krieg sind Handschuhe nicht mehr ganz so haltbar«, sagte die Verkäuferin entschuldigend zu Clarissa.

Aber wo hatte sie die andere Dame schon einmal gesehen? – schon älter, mit einer Rüsche unter dem Kinn; mit einem schwarzen Band für die Goldbrille; sinnlich, klug, wie eine Zeichnung von Sargent. Wie man an einer Stimme erkennen kann, dachte Clarissa, ob Menschen die

Angewohnheit haben, bei anderen – »Eine Spur zu eng«, sagte die Dame – Gehorsam zu erzwingen. Die Verkäuferin ging wieder davon. Clarissa blieb zurück und wartete. *Fürchte nicht mehr*, wiederholte sie und trommelte mit den Fingern auf dem Ladentisch. *Fürchte nicht mehr Sonnenglut. Fürchte nicht mehr*, wiederholte sie. Auf ihrem Arm waren kleine braune Flecken zu sehen. Und das Mädchen kroch wie eine Schnecke. *Jetzt dein irdisch Treiben ruht.* Tausende junger Männer waren gestorben, damit das Leben weitergehen konnte. Endlich! Anderthalb Zentimeter über den Ellbogen; Perlenknöpfe; Größe fünfeinviertel. Meine liebe Schlafmütze, dachte Clarissa, glaubst du etwa, ich kann hier den ganzen Morgen sitzen? Jetzt wirst du fünfundzwanzig Minuten brauchen, um mir mein Wechselgeld zu bringen!

Draußen auf der Straße gab es eine heftige Explosion. Die Verkäuferinnen kauerten sich hinter die Ladentische. Doch Clarissa saß ganz aufrecht da und lächelte die andere Dame an. »Miss Anstruther!«, rief sie aus.

Der Mann, der seinesgleichen liebte

Als Prickett Ellis an jenem Nachmittag durch Deans Yard trottete, prallte er mit Richard Dalloway zusammen, oder besser gesagt: Als sie eben aneinander vorübergingen, weitete sich der verstohlene Seitenblick, den jeder unter seinem Hut dem anderen über die Schulter zuwarf, zu einem jähen Wiedererkennen; sie hatten sich seit zwanzig Jahren nicht mehr gesehen. Sie waren zusammen zur Schule gegangen. Und was machte Ellis beruflich? Anwalt? Natürlich, natürlich – er hatte den Fall in den Zeitungen verfolgt. Aber hier zu reden war unmöglich. Ob er nicht am Abend vorbeischauen wolle? (Sie bewohnten noch dieselbe alte Wohnung – gleich um die Ecke.) Ein, zwei Leute würden kommen. Vielleicht Joynson. »Ein furchtbar hohes Tier inzwischen«, sagte Richard.

»Gut – dann bis heute Abend«, sagte Richard und ging seines Weges, »hocherfreut« (das stimmte wirklich), diesem seltsamen Kerl begegnet zu sein, der sich seit ihrer Schulzeit kein bisschen verändert hatte – noch immer derselbe knubbelige, pummelige kleine Junge von damals, voller Vorurteile, die überall aus ihm herausquollen, aber ungewöhnlich brillant – er hatte das Newcastle-Stipendium gewonnen. Nun – er ging davon.

Prickett Ellis hingegen, als er sich umdrehte und Dalloway nachsah, wie er verschwand, wünschte, er wäre ihm nicht begegnet oder hätte ihm, da er ihn persönlich stets gemocht hatte, zumindest nicht versprochen, auf diese Party zu gehen. Dalloway war verheiratet, gab Partys; war überhaupt nicht sein Typ. Er würde sich umkleiden müssen. Doch als der Abend näher rückte, vermutete er, da er nun einmal zugesagt hatte und nicht unhöflich sein wollte, werde er wohl oder übel gehen müssen.

Aber was für eine entsetzliche Unterhaltung! Da war Joynson; sie hatten einander nichts zu sagen. Er war ein aufgeblasener kleiner Junge gewesen; mittlerweile war er noch überheblicher geworden – das war alles; im Raum nicht eine andere Seele, die Prickett Ellis kannte. Keine einzige. Da er nicht einfach wieder gehen konnte, ohne ein Wort mit Dalloway zu wechseln, der vollauf von seinen Pflichten in Anspruch genommen schien und in einer weißen Weste umherschwirrte, musste er also stehen bleiben. So etwas schnürte ihm die Kehle zu. Man stelle sich vor, erwachsene, verantwortungsbewusste Männer und Frauen, die dies jeden Abend ihres Lebens taten! Die Falten auf seinen blauroten, glattrasierten Wangen vertieften sich, als er in völligem Schweigen an der Wand lehnte, denn obwohl er schuftete wie ein Pferd, hielt er sich mit Bewegung fit; und er wirkte hart und grimmig, als wäre sein Schnurrbart in Frost getaucht. Alles an ihm sträubte sich, er knirschte mit den Zähnen. Sein armseliger Gesellschaftsanzug ließ ihn ungepflegt, unbedeutend, unbeholfen erscheinen.

Müßig, geschwätzig, übertrieben gekleidet, ohne eine Idee im Kopf fuhren diese feinen Damen und Herren fort, zu plaudern und zu lachen; und Prickett Ellis beobachtete sie und verglich sie mit den Brunners, die, als sie ihren Prozess gegen Fenner's Brauerei gewonnen und zweihundert Pfund Entschädigung erhalten hatten (nicht einmal die Hälfte von dem, was sie hätten erhalten sollen), hingegangen waren und fünf davon auf eine Uhr für ihn verwendet hatten. Das war anständig gehandelt; das war es, was einen rührte, und strenger denn je starrte er diese Leute an, übertrieben gekleidet, zynisch, wohlhabend, und verglich, was er jetzt empfand, mit dem, was er an jenem Vormittag um elf Uhr empfunden hatte, als ihn der alte Brunner und Mrs Brunner, in ihrer besten Kleidung, fürchterlich ehrbare und sauber aussehende alte Leutchen, aufgesucht hatten, um ihm dieses kleine Andenken zu überreichen, wie der alte Mann es nannte, der vollkommen aufrecht dastand, um seine Dankesrede zu halten, voller Anerkennung für die überaus kompetente Art, »wie Sie unseren Fall vertreten haben«, und Mrs Brunner hatte sich zu Wort gemeldet – das alles hätten sie nur ihm zu verdanken. Und sie wüssten seine Großzügigkeit sehr zu schätzen – denn natürlich hatte er kein Honorar verlangt.

Und als er die Uhr entgegennahm und sie mitten auf seinen Kaminsims stellte, hatte er gespürt, wie sehr er wünschte, dass niemand sein Gesicht sähe. Das war es, wofür er gearbeitet hatte – das war sein Lohn; und er betrachtete die Menschen, die er jetzt vor Augen hatte, als tanzten sie durch die Szene in seiner Kanzlei und würden davon bloßgestellt, und als die Szene verblasste – als die Brunners verblassten –, blieb von der Szene nur noch er selbst übrig, der dieser feindseligen Schar die Stirn bot, ein vollkommen schlichter, ungekünstelter Mann, ein Mann des Volkes (er richtete sich auf), sehr schlecht gekleidet, mit wütenden Blicken, ohne Würde und Anmut, ein Mann, der nicht darin geübt war, seine Gefühle zu verbergen, ein einfacher Mann, ein gewöhnlicher Mensch, der sich dem Bösen entgegenstemmte, der Korruption, der Herzlosigkeit der Gesellschaft. Aber er wollte nicht länger nur starren. Jetzt setzte er seine Brille auf und begutachtete die Gemälde. Er las die Titel einer Reihe von Büchern; zum größten Teil Poesie. Gerne hätte er einige seiner alten Lieblingsbücher wiedergelesen – Shakespeare, Dickens –, er wünschte, er hätte jemals Zeit, in die Nationalgalerie zu gehen, aber er konnte nicht – nein, man konnte nicht. Man konnte wirklich nicht – nicht bei dem Zustand, in dem sich die Welt befand. Nicht, wenn die Menschen den ganzen Tag lang deine Hilfe brauchen, geradezu um Hilfe rufen. Dies war keine Ära für Luxus. Und er betrachtete die Sessel und die Brieföffner und die gut gebundenen Bücher und schüttelte den Kopf, denn er wusste, dass er niemals die Zeit aufbringen würde, dass er niemals, und der Gedanke erfreute ihn, den Mut aufbringen würde, sich derartigen Luxus zu leisten. Die Leute hier wären schockiert, wenn sie wüssten, wie wenig er für seinen Tabak ausgab; dass er seinen Gesellschaftsanzug ausgeliehen hatte. Seine einzige Ausschweifung war seine kleine Yacht auf den Norfolk Broads. Und die gestattete er sich. Er mochte es, einmal im Jahr allen zu entkommen und einmal im Jahr rücklings auf einer Wiese zu liegen. Er dachte, wie schockiert sie wären – diese feinen Leute –, wenn sie wüssten, wie viel Freude er an dem hatte, was Liebe zur Natur zu nennen er altmodisch genug war; Bäume und Wiesen, die er seit seiner Kindheit kannte.

Diese feinen Leute wären schockiert. In der Tat, als er dort stand und seine Brille in die Tasche steckte, spürte er, wie er von Augenblick zu Augenblick schockierender wirkte. Und das war ein äußerst unangenehmes Gefühl. Dass er die Menschheit liebte, dass er nur fünf Pence pro Unze Tabak ausgab und die Natur liebte – dies empfand er nicht etwa natürlich und gelassen. Jedes dieser Vergnügen war in einen Protest verwandelt worden. Er hatte das Gefühl, dass diese Leute, die er verachtete, ihn nötigten, sich hinzustellen, sich zu erklären, sich zu rechtfertigen. »Ich bin ein gewöhnlicher Mann«, sagte er immer wieder. Und was er dann sagte, das zu sagen schämte er sich wirklich, sagte es aber doch: »An einem Tag habe ich für meinesgleichen mehr getan als ihr in eurem ganzen Leben.« In der Tat konnte er nicht anders; rief sich eine Szene nach der anderen ins Gedächtnis, wie die, als die Brunners ihm die Uhr geschenkt hatten – erinnerte sich der netten Dinge, die die Leute über seine Menschlichkeit gesagt hatten, über seine Großzügigkeit, wie sehr er ihnen geholfen habe. Immer wieder sah er sich als weisen und duldsamen Diener der Menschheit. Und er wünschte, er könnte diese Lobeshymnen laut wiederholen. Es war unerfreulich, dass das Gefühl der eigenen Güte in ihm aufbrodelte. Noch unerfreulicher aber war es, dass er niemandem erzählen konnte, was die Leute über ihn gesagt hatten. Dem Herrn sei Dank, sagte er sich ein ums andere Mal, morgen werde ich wieder bei der Arbeit sein; und doch war er nicht länger damit zufrieden, einfach durch die Tür zu schlüpfen und nach Hause zu gehen. Er musste bleiben, er musste bleiben, bis er sich gerechtfertigt hätte. Aber wie konnte er? In diesem Raum voller Menschen kannte er nicht eine Seele, mit der er sich unterhalten konnte.

Endlich kam Richard Dalloway auf ihn zu.

»Ich möchte dir Miss O'Keefe vorstellen«, sagte er. Miss O'Keefe sah ihm direkt in die Augen. Sie war eine ziemlich arrogante Frau von schroffem Benehmen, in den Dreißigern.

Miss O'Keefe wollte ein Eis oder etwas zu trinken. Und der Grund, weshalb sie Prickett Ellis auf eine Art und Weise darum bat, die er als hochmütig und ungerechtfertigt empfand, war, dass sie an diesem heißen Nachmittag eine Frau und zwei Kinder gesehen hatte, sehr arm, sehr müde, die sich gegen das Gitter eines Platzes drückten und hineinspähten. Können sie nicht eingelassen werden?, hatte sie gedacht, und ihr Mitleid schwoll an wie eine Woge; sie kochte vor Empörung. Nein; im nächsten Moment tadelte sie sich selbst so brüsk, als gäbe sie sich eine Ohrfeige. Die ganze Macht der Welt vermag es nicht. So hob sie den Tennisball auf und schleuderte ihn zurück. Die ganze Macht der Welt vermag es nicht, redete sie sich in Zorn, und deshalb sagte sie so gebieterisch zu dem ihr unbekannten Mann:

»Bringen Sie mir ein Eis.«

Lange bevor sie es verzehrt hatte, erzählte ihr Prickett Ellis, der neben ihr stand, ohne etwas zu sich zu nehmen, er sei seit fünfzehn Jahren nicht mehr auf einer Party gewesen; erzählte ihr, sein Gesellschaftsanzug sei ihm von seinem Schwager geliehen worden; erzählte ihr, er möge dergleichen nicht; und es hätte ihn erleichtert, ihr zu erzählen, er sei ein schlichter Mann, der zufällig eine Vorliebe für gewöhnliche Menschen habe, und dann hätte er ihr von den Brunners und der Uhr erzählt (und sich hinterher dafür geschämt), sie aber fragte:

»Haben Sie den *Sturm* gesehen?«

Und dann (da er den *Sturm* nicht gesehen hatte), ob er ein Buch gelesen habe? Wiederum nein, und dann, indem sie ihr Eis absetzte, ob er jemals Gedichte lese?

Und als Prickett Ellis spürte, wie etwas in ihm aufstieg, das diese junge Frau enthaupten, zum Opfer machen, massakrieren würde, nötigte er sie, unten im leeren Garten Platz zu nehmen, wo sie nicht gestört werden würden, denn alle waren oben, nur sie konnten ein Summen und Brummen hören, ein Klappern und Klirren wie von einem irrwitzigen Geisterorchester, das ein oder zwei über den Rasen schleichende Katzen begleitete, und das Zittern der Blätter und die gelben und roten Früchte, die hin und her schwankten wie chinesische Laternen – das Gespräch wirkte wie eine rasende Totentanzmusik zu etwas sehr Wirklichem, und voller Leid.

»Wie wunderschön!«, sagte Miss O'Keefe.

Oh, es war wunderschön, nach dem Salon, dieses kleine Fleckchen Gras, um das sich, schwarz, hoch oben in der Luft, die Türme von Westminster drängten; es war still, nach all dem Lärm. Das immerhin besaßen sie – die müde Frau, die Kinder.

Prickett Ellis zündete sich eine Pfeife an. Das würde sie schockieren; er stopfte sie mit Shagtabak – fünfeinhalb Pence die Unze. Er dachte daran, wie er rauchend in seinem Boot liegen würde, er konnte sich sehen, allein, des Nachts, rauchend unter den Sternen. Denn den ganzen Abend über dachte er daran, welchen Eindruck er machen würde, wenn die Leute hier ihn sähen. Während er an der Stiefelsohle ein Streichholz anriss, sagte er zu Miss O'Keefe, er könne hier draußen nichts besonders Schönes erkennen.

»Vielleicht«, sagte Miss O'Keefe, »machen Sie sich nichts aus Schönheit.« (Er hatte ihr gesagt, er habe den *Sturm* nicht gesehen; er hatte kein Buch gelesen; er sah ungepflegt aus, ganz Schnurrbart, Kinn und silberne Uhrkette.) Sie dachte, niemand braucht auch nur einen Penny dafür zu bezahlen; die Museen sind kostenlos und die Nationalgalerie; und das Land. Natürlich kannte sie die Einwände – Waschen, Kochen, Kinder; doch der Kern der Sache, den auszusprechen alle Angst hatten, war, dass Glück spottbillig ist. Man kann sie unentgeltlich haben: Schönheit.

Da zahlte Prickett Ellis es ihr heim – dieser bleichen, schroffen, arroganten Frau. Seinen Shagtabak paffend, erzählte er ihr, was er an diesem Tag getan hatte. Aufgestanden um sechs; Befragungen; der Kloakengeruch in einem schmutzigen Elendsviertel; dann zum Gericht.

Hier zögerte er, wollte ihr etwas von seinen eigenen Taten erzählen. Er unterdrückte den Wunsch, wurde umso sarkastischer. Er sagte, es mache ihn krank, wohlgenährte, wohlgekleidete Frauen (sie zuckte mit den Lippen, denn sie war dünn, und ihr Kleid entsprach nicht den Anforderungen) von Schönheit reden zu hören.

»Schönheit!«, sagte er. Er fürchte, von Schönheit abseits der Menschen verstehe er nichts.

So blickten sie in den leeren Garten, wo die Lichter schwankten und mittendrin eine Katze mit erhobener Pfote verharrte.

Schönheit abseits der Menschen? Was er damit meine?, fragte sie plötzlich.

Nun, dies; er wurde immer gereizter und erzählte ihr die Geschichte von den Brunners und der Uhr, wobei er seinen Stolz darüber nicht verhehlte. *Das* war schön, sagte er.

Sie fand keine Worte, um das Entsetzen zu beschreiben, das seine Geschichte in ihr auslöste. Zunächst sein Dünkel; sodann seine Schamlosigkeit, von menschlichen Gefühlen zu sprechen; es war Blasphemie; niemand auf der ganzen Welt durfte eine Geschichte erzählen, um zu beweisen, dass er seinesgleichen liebe. Doch als er sie erzählte – wie der alte Mann aufgestanden sei und seine Rede gehalten habe –, traten ihr Tränen in die Augen; ach, wenn das je einer zu ihr gesagt hätte! Andererseits aber empfand sie, wie gerade das die Menschheit für immer verdammte; nie würden sie über rührende Szenen mit Uhren hinausgelangen; die Brunners würden Reden für die Prickett Ellises halten, und stets würden die Prickett Ellises sagen, wie sehr sie ihresgleichen liebten; stets würden sie träge und kompromisslerisch sein und sich vor der Schönheit fürchten. Hieraus entsprangen Revolutionen; aus Trägheit, Furcht und der Vorliebe für rührende Szenen. Dennoch, dieser Mann hatte seinen Brunners Freude abgewonnen; und sie war dazu verdammt, für alle Zeiten an ihren armen, armen, von Plätzen ausgeschlossenen Frauen zu leiden. So saßen sie schweigend da. Beide waren zutiefst unglücklich. Denn Prickett Ellis war durch das, was er gesagt hatte, nicht im Geringsten getröstet; statt ihren Dorn herauszuziehen, hatte er ihn weiter hineingedrückt; sein Glücksgefühl vom Vormittag war verflogen. Miss O'Keefe war verwirrt und verärgert; sie war konfus statt klar.

»Ich fürchte, ich gehöre zu jenen ganz gewöhnlichen Menschen«, sagte er und stand auf, »die ihresgleichen lieben.«

Woraufhin Miss O'Keefe fast schrie: »Ich auch.«

Einander hassend, das ganze Haus voller Menschen hassend, die ihnen diesen schmerzhaften, diesen ernüchternden Abend beschert hatten, erhoben sich die beiden, die ihresgleichen liebten, und schieden voneinander für immer, wortlos.

Die Vorstellung

Lily Everit sah Mrs Dalloway von der anderen Seite des Raums auf sich zukommen und hätte sie bitten können, sie nicht zu stören; und doch, als Mrs Dalloway sich mit der erhobenen Rechten und einem Lächeln näherte, von dem Lily (obwohl dies ihre erste Party war) wusste, dass es bedeutete: »Aber Sie müssen aus Ihrer Ecke herauskommen und reden«, ein Lächeln, das zugleich wohlmeinend und drastisch war, verspürte sie die sonderbarste Mischung aus Aufregung und Angst, aus dem Wunsch, in Frieden gelassen, und der Sehnsucht, herausgeholt und in die brodelnden Tiefen geschleudert zu werden. Aber Mrs Dalloway wurde abgefangen, aufgehalten von einem alten Gentleman mit weißem Schnurrbart. So hatte Lily Everit zwei Minuten Schonfrist, in denen sie sich an ihren Aufsatz über Dean Swifts Charakter klammerte, so wie sich ein im Meer Ertrinkender an ein Rundholz klammert. Sie hatte ihn am Morgen von Professor Miller zurückerhalten, versehen mit drei roten Sternen: Ausgezeichnet. Ausgezeichnet; sie wiederholte die Beurteilung und nahm einen Schluck von dem herzstärkenden Mittel, das inzwischen sehr viel schwächer war als zuvor, da sie vor dem hohen Glas gestanden hatte, das (ein Klaps hier, ein Schubs da) von ihrer Schwester und

Mildred, dem Hausmädchen, ausgetrunken wurde. Denn als sich deren Hände um sie herum bewegten, spürte sie, dass sie zwar angenehm an der Oberfläche nestelten, darunter jedoch lag, unberührt wie ein Klumpen glühenden Metalls, ihr Aufsatz über Dean Swifts Charakter, und all ihre Lobeshymnen, als sie die Treppe herunterkam und in der Diele stand und auf die Droschke wartete – Rupert war aus seinem Zimmer gekommen und hatte gesagt, wie großartig sie aussehe –, kräuselten die Oberfläche gerade einmal so, wie eine Brise mit Haarschleifen spielt; mehr aber auch nicht. Aufsätze waren harte Fakten.

Man unterteilte das Leben (da war sie sich sicher) in Fakt und Fiktion, in Fels und Woge, dachte sie, als sie davonfuhr und die Dinge mit solcher Eindringlichkeit wahrnahm, dass sie durch die Scheibe für alle Zeiten den Rücken des Kutschers sehen würde und ihre eigene blasse Erscheinung, die sich in seinem dunklen Mantel spiegelte. Dann, als sie ins Haus trat, beim ersten Anblick der Menschen, die sich treppauf, treppab tummelten, bebte der harte Klumpen (ihr Aufsatz über Swifts Charakter), begann in sich zusammenzufallen, sie konnte ihn nicht länger unter Kontrolle halten, und ihr ganzes Wesen (nicht mehr scharf wie ein Diamant, der den Kern des Lebens spaltet) verwandelte sich, als sie wie ein gestelltes Wild in ihrer Ecke stand, in einen Nebel aus Furcht, Besorgnis und Abwehr. Dies war der berühmte Ort: die Welt.

Als Lily Everit hinausspähte, versteckte sie ihren Aufsatz instinktiv, so beschämt war sie jetzt und so bestürzt. Und stellte sich dennoch auf die Zehenspitzen, um ihre

Aufmerksamkeit zu bündeln und diesen zu- und abnehmenden Dingen (wie sollte man sie nennen? Menschen? Impressionen aus dem Leben von Menschen?), die sie zu bedrohen und zu überwältigen, alles in Wasser zu verwandeln schienen und ihr nur noch die Kraft ließen, sich zur Wehr zu setzen, diesen zu- und abnehmenden Dingen zu den richtigen Proportionen zu verhelfen (die alten waren beschämend falsch gewesen).

Unterdessen hatte Mrs Dalloway, die ihren Arm nicht hatte sinken lassen, durch die Art, wie sie ihn bewegte, signalisiert, dass sie auf dem Weg zu ihr war, ließ den alten Soldaten mit dem weißen Schnurrbart stehen, kam geradewegs auf sie zu und sagte zu dem schüchternen, charmanten Mädchen mit den klaren Augen, dem dunklen Haar, das poetisch um ihren Kopf wogte, und dem dünnen Körper in einem Kleid, das an ihr herabzurutschen schien: »Kommen Sie, ich stelle Sie vor«, und dann zauderte Mrs Dalloway, ihr fiel ein, dass Lily die Kluge war, die Gedichte las, und sie sah sich nach einem jungen Mann um, nach einem jungen Mann, der soeben aus Oxford gekommen war, der alles gelesen hatte und von sich selbst reden würde. Und indem sie Lily Everit bei der Hand nahm, führte sie sie zu einer Gruppe junger Leute, die sich miteinander unterhielten.

Lily Everit zögerte ein wenig, hätte sich ebenso gut im Kielwasser eines Dampfers befinden können; spürte, als Mrs Dalloway sie weiterzog, dass es sich jetzt ereignen würde; dass nichts es verhindern oder (und jetzt wollte sie nur noch, dass es vorbei wäre) sie davor bewahren konnte, in einen Strudel geschleudert zu werden, in dem sie entweder zugrunde gehen oder aus dem sie gerettet werden würde. Was aber war der Strudel?

Oh, er bestand aus einer Million Dinge, und jedes davon für sie so deutlich: Westminster Abbey; das Gefühl, von überaus hohen, feierlichen Gebäuden umgeben zu sein; erwachsen zu sein; eine Frau zu sein. Vielleicht war es das, was herauskam, was blieb, es war ein Teil des Kleides, und all die kleinen Ritterlichkeiten und Anstandsregeln des Salons; all das gab ihr das Gefühl, sie sei aus ihrem Kokon geschlüpft und werde zu dem erklärt, was sie im langen, bequemen Dunkel der Kindheit nie gewesen war – zu diesem zerbrechlichen und schönen Geschöpf, diesem begrenzten und beengten Geschöpf, das nicht tun konnte, wie ihm gefiel, diesem Schmetterling mit tausend Facettenaugen und zarten, feinen Flügelschuppen und unzähligen Schwierigkeiten und Empfindsamkeiten und Traurigkeiten: zu einer Frau.

Als sie mit Mrs Dalloway durch den Raum schritt, akzeptierte sie die Rolle, die ihr jetzt auferlegt wurde, und natürlich übertrieb sie ein wenig, so wie ein Soldat, der stolz auf die Traditionen einer alten und berühmten Uniform ist, übertreiben mochte, war sich beim Gehen ihrer Kleidung bewusst; ihrer engen Schuhe; ihres gewellten und gelockten Haars; und dass, wenn sie ein Taschentuch fallen ließe (was bei Fremden schon vorgekommen war), ein Mann sich eilfertig bücken und es ihr überreichen würde; was die Zartheit, die Künstlichkeit ihrer Haltung unnatürlich betonte, denn eigentlich entsprach sie ihr gar nicht.

Vielmehr entsprach es ihr, zu rennen und zu hasten und zu grübeln auf langen einsamen Spaziergängen, über Tore zu klettern, durch Schlamm zu stapfen, durch die Trübnis, den Traum, die Ekstase des Alleinseins den Regenpfeifer kreisen zu sehen, Kaninchen aufzuschrecken und im Herzen der Wälder oder in einsamen weiten Mooren auf kleine Zeremonien zu stoßen, die ohne Publikum auskamen, auf private Riten, auf pure Schönheit, dargeboten von Käfern und Maiglöckchen, toten Blättern und stillen Tümpeln, die sich nicht darum scherten, was die Menschen von ihnen hielten, was ihr Gemüt mit Staunen und Entzücken erfüllte – all das war bis zu diesem Abend ihr gewöhnliches Temperament gewesen, das sie an sich kannte und liebte und mit dem sie sich in die Herzen von Mutter und Vater und Brüdern und Schwestern schlich; und dies andere war eine Blume, die sich binnen zehn Minuten entfaltet hatte. Und mit der entfalteten Blume kam unbestreitbar deren Welt, so anders, so fremd: die Türme von Westminster, die hohen, feierlichen Gebäude; die Unterhaltung; diese Zivilisation, empfand sie und zögerte, als Mrs Dalloway sie weiterzog.

Diese geregelte Lebensweise, die sich wie ein Joch auf ihren Nacken legte, sanft, unbezwinglich, vom Himmel herab, eine Feststellung, die sich nicht leugnen ließ. Ein Blick auf ihren Aufsatz: die drei roten Sterne verblasst bis zur Unkenntlichkeit, jedoch friedlich, nachdenklich, als gäben sie dem Druck einer unbezweifelbaren Macht nach, nämlich der Überzeugung, dass es ihr nicht entsprach, zu dominieren oder sich Geltung zu verschaffen; vielmehr dieses geordnete Leben zu durchlüften und zu verschönern, in dem immer schon alles vorhanden gewesen war: hohe Türme, festliche Glocken, Wohnungen, Ziegel um Ziegel durch Männerarbeit erbaut, auch Parlamente; selbst das Gewirr der Telegraphendrähte, dachte sie, als sie im Gehen zum Fenster blickte. Was hatte sie dieser gewaltigen männlichen Leistung entgegenzusetzen? Einen Aufsatz über Dean Swifts Charakter! Und als sie zu der Gruppe kam, die von Bob Brinsley dominiert wurde (den Schuhabsatz auf dem Kaminvorsetzer, den Kopf im Nacken), mit seiner großen, ehrlichen Stirn und seinem selbstbewussten Blick und seinem Zartgefühl und Ehrgefühl und seinem gesunden körperlichen Wohlbefinden und seinem Sonnenbrand und seiner Nonchalance und seiner direkten Abkunft von Shakespeare, was konnte sie da anderes tun, als ihren Aufsatz, ach, und das Ganze ihres Wesens auf dem Boden auszubreiten, als einen Mantel, den er zertrampeln, als eine Rose, die er zerpflücken konnte. Dies tat sie mit Nachdruck, als Mrs Dalloway, noch immer ihre Hand haltend, als würde sie vor dieser schwersten Prüfung, der Vorstellung, davonlaufen wollen, sagte: »Mr Brinsley – Miss Everit.« Sie beide liebten Shelley. Aber verglichen mit seiner war es bei ihr keine Liebe.

Als Mrs Dalloway dies sagte, fühlte sie sich wie stets, wenn sie sich an ihre Jugend erinnerte, auf absurde Weise ergriffen; auf ihrer Party begegnete Jugend der Jugend, und jetzt flammte, wie beim Zusammenprall von Stahl und Feuerstein (für ihr Empfinden versteiften sich beide merklich) das lieblichste und älteste aller Feuer auf, wie sie Bob Brinsleys verändertem Gesichtsausdruck entnehmen konnte: von Lässigkeit zu Fügsamkeit, zu Förmlichkeit, als er Lily die Hand schüttelte, was, dachte Clarissa, die in allen Männern verborgene Zärtlichkeit, Güte, Behutsamkeit der Frauen erahnen ließ, für sie ein Anblick, der ihr Tränen in die Augen trieb, denn noch inniger ergriff es sie, in Lily selbst den schüchternen Gesichtsausdruck, den erschrockenen Gesichtsausdruck, gewiss der lieblichste Ausdruck im Gesicht eines Mädchens, zu sehen; und Mann empfand dieses für Frau und Frau jenes für Mann, und aus dieser Berührung flossen ein Heim, Prüfungen, Leiden, tiefe Freude und persönliche Unerschütterlichkeit angesichts der Katastrophe, die Menschheit war im Innersten gutherzig, dachte Clarissa, und ihr eigenes Leben (ein Paar einander vorzustellen rief ihr in Erinnerung, wie sie Richard zum ersten Mal begegnet war!) unendlich gesegnet. Und sie ging weiter.

Aber, dachte Lily Everit. Aber – aber – aber was?

Ach, nichts, dachte sie hastig und unterdrückte sanft ihren scharfen Instinkt. In direkter Linie von Shakespeare, dachte sie, und Parlamente und Kirchen, dachte sie, oh!, und auch die Telegraphendrähte, dachte sie, und bat Mr Brinsley ostentativ und vorsätzlich, ihr vorbehaltlos zu glauben, als sie ihm ihren Aufsatz über Dean Swifts Charakter darbot, auf dass er mit ihm tue, was er wolle, ihn zertrampelte und vernichtete, denn wie konnte ein bloßes Kind auch nur für einen Augenblick Dean Swifts Charakter verstehen. Ja, sagte sie. Sie lese gern.

»Und ich nehme an, Sie schreiben?«, fragte er. »Gedichte vermutlich?«

»Aufsätze«, sagte sie. Und sie würde nicht zulassen, dass dieses Grauen von ihr Besitz ergriff. Sie wollte, dass auf dem Treppenaufgang ihr Taschentuch aufgehoben würde, wollte ein Schmetterling sein. Kirchen und Parlamente, Wohnungen, selbst die Telegraphendrähte – all das, sagte sie sich, von Männern der Arbeit geschaffen, und dieser junge Mann, sagte sie sich, in direkter Abkunft von Shakespeare, also würde sie nicht zulassen, dass dieser Schrecken, diese Ahnung von etwas anderem sie erfasste und ihre Flügel verkümmern ließ und sie hinaustrieb in die Einsamkeit. Doch noch während sie dies sagte, sah sie, wie er – wie sonst sollte sie es beschreiben? – eine Fliege tötete. Das war es. Er riss einer Fliege die Flügel aus, stand mit einem Fuß auf dem Kaminvorsetzer, warf den Kopf in den Nacken und redete unverschämt und arrogant von sich selbst. Aber es machte ihr nichts aus, wie unverschämt und arrogant er ihr gegenüber war, wäre er nur nicht so grausam zu Fliegen gewesen.

Doch als sie diesen Gedanken unterdrückte, sagte sie sich, warum nicht, wenn er doch das bedeutendste aller weltlichen Objekte ist? Und ihn zu verehren, zu schmücken, zu verschönern war ihre Aufgabe, dazu waren ihre Flügel da. Aber er sprach; aber er schaute; aber er lachte; er riss einer Fliege die Flügel aus. Mit seinen geschickten, starken Händen riss er ihr die Flügel vom Rücken, und sie sah ihm dabei zu und konnte dieses Wissen vor sich selbst nicht verbergen. Aber es ist notwendigerweise so, argumentierte sie und musste an die Kirchen, an die Parlamente und Wohnblöcke denken, und so versuchte sie, sich zu ducken und zu kauern und die Flügel auf ihrem Rücken zusammenzufalten.

Aber – aber, was war das nur, warum war es so? Trotz aller Bemühungen wurde ihr Aufsatz über Swifts Charakter immer aufdringlicher, und wieder leuchteten die drei Sterne ganz hell, nur mit einem schrecklichen Glanz, nicht länger klar und blendend, sondern getrübt und blutbefleckt, als habe dieser Mann, der große Mr Brinsley, indem er einer Fliege die Flügel ausriss, während er redete (über seine Aufsätze, über sich selbst und einmal, lachend, über ein Mädchen dort) ihr leichtes Wesen mit einer Wolke verdüstert, sie für alle Zeiten verwirrt und die Flügel auf ihrem Rücken verkümmern lassen, und als er sich von ihr abwandte, trat sie näher ans Fenster und dachte mit Grausen an die Türme und an die Zivilisation, und das Joch, das sich vom Himmel fallend auf ihren Nacken gelegt hatte, erdrückte sie, und sie kam sich vor wie ein armer nackter Teufel, der, nachdem er in einem schattigen Garten Unterschlupf gesucht, daraus vertrieben wird mit der Erklärung (ah, aber auch darin lag eine Art Leidenschaft), dass es keine Zufluchtsstätten gibt und keine Schmetterlinge und dass diese Zivilisation, sagte Lily Everit zu sich selbst, als sie die freundlichen Komplimente annahm, die ihr die alte Mrs Bromley über ihr Aussehen machte, von mir abhängt. Später meinte Mrs Bromley, Lily sehe, wie alle Everits, aus, »als trage sie das Gewicht der Welt auf ihren Schultern«.

Vorfahren

Mrs Vallance, als sie Jack Renshaw antwortete, der die ziemlich alberne Bemerkung von sich gegeben hatte, er sehe sich nur ungern Cricketspiele an, wünschte sich, ihm irgendwie begreiflich machen zu können, was auf einer Party wie dieser immer offensichtlicher wurde: dass, wenn ihr Vater noch am Leben wäre, die Leute merken würden, wie töricht, wie gemein – nein, nicht so sehr gemein, eher albern und hässlich –, wie trivial im Vergleich zu wirklich würdevollen einfachen Männern und Frauen wie ihrem Vater, ihrer lieben Mutter ihr dies alles vorkam. Wie anders seine Denkweise war und sein Leben; und ihre Mutter, und wie anders, wie so gänzlich anders sie selbst erzogen worden war.

»Hier sind wir nun«, sagte sie plötzlich, »eingepfercht in einen Raum von der Größe eines Backofens, während wir oben in Schottland, wo ich geboren bin, alle –«. Sie schuldete es diesen törichten jungen Männern, die im Grunde ganz nett waren, wenn auch ein wenig kleinkariert, ihnen begreiflich zu machen, wie ihr Vater, wie ihre Mutter empfunden hatte und auch sie selbst, denn im Innersten war sie wie sie. Und dann fiel es ihr wie Schuppen von den Augen, wie sehr sie es der Welt schuldete, Männern begreiflich zu machen, wie anders ihr Vater und ihre Mutter gewesen waren und sie selbst auch.

Er habe einmal eine Nacht in Edinburgh verbracht, sagte Mr Renshaw. Ob sie Schottin sei?, fragte er.

Also wusste er nicht, wer ihr Vater war, dass sie John Ellis Rattrays Tochter war und ihre Mutter Catherine Macdonald; was war da eine Nacht in Edinburgh! Und sie hatte all diese wunderbaren Jahre dort verbracht, dort und in Elliotshaw an der Grenze zu Northumbria. Dort war sie zwischen Johannisbeersträuchern umhergetollt; dorthin waren die Freunde ihres Vaters gekommen, und obwohl sie noch ein kleines Mädchen war, hatte sie den wunderbarsten Gesprächen ihres Lebens gelauscht. Sie sah sie noch vor sich: ihren Vater, Sir Duncan Clements, Mr Rogers (der alte Mr Rogers war ihr das Idealbild eines griechischen Weisen), wie sie unter der Zeder saßen; nach dem Abendessen im Sternenlicht.

Sie hatten über alles in der Welt gesprochen, so kam es ihr jetzt vor; waren zu weitherzig gewesen, um jemals über andere Menschen zu lachen; hatten ihr, obwohl sie noch ein kleines Mädchen gewesen war, beigebracht, der Schönheit zu huldigen. Was gab es Schönes in diesem stickigen Londoner Raum?

»Ach, die armen Blumen«, rief sie aus. Denn ein, zwei Nelken waren tatsächlich zertreten, Blütenblätter zerdrückt und zerquetscht worden. Denn für Blumen empfand sie fast zu viel. Ihre Mutter hatte Blumen geliebt; und von Kindesbeinen an war sie in dem Bewusstsein erzogen worden, dass einer Blume wehzutun bedeute, dem exquisitesten Ding in der Natur wehzutun. Die Natur war stets ihre Leidenschaft gewesen; die Berge, das Meer. Und hier in London schaute man aus dem Fenster und sah nur noch mehr Häuser. Man hatte den schrecklichen Eindruck von Menschen, die in kleinen Kisten übereinandergestapelt waren. Es war eine Atmosphäre, in der sie selbst unmöglich leben konnte; sie konnte es nicht ertragen, in London spazieren zu gehen und die Kinder auf den Straßen zu sehen. Vielleicht war sie zu empfindsam; das Leben wäre unmöglich, wenn alle so wären wie sie, doch wenn sie sich an ihre eigene Kindheit erinnerte, an ihren Vater und ihre Mutter, an die Schönheit und die Fürsorge, mit der sie überschüttet worden waren –

»Was für ein hübsches Kleid!«, sagte Jack Renshaw. Und das kam ihr völlig fehl am Platz vor – dass ein junger Mann überhaupt auf Frauenkleidung achtete. Ihr Vater war voller Ehrfurcht vor Frauen gewesen, aber er hätte niemals darauf geachtet, was für Kleider sie trugen. Und unter all diesen Mädchen – sie mochten noch so hübsch sein – war nicht eine, die man schön nennen konnte, so wie sie sich an ihre Mutter erinnerte, ihre liebe, vornehme Mutter, die sich nie anders zu kleiden schien, ob sommers oder winters, ob sie Gäste hatten oder nicht, sondern immer ganz wie sie selbst aussah, in Spitze und einem schwarzen Kleid oder, als sie älter wurde, mit einer kleinen Haube. Als Witwe saß sie stundenlang zwischen ihren Blumen und schien mehr mit Geistern zu verkehren als mit ihnen allen, träumte von der Vergangenheit, die, dachte Mrs Vallance, irgendwie so viel wirklicher ist als die Gegenwart. Aber weshalb?

Eigentlich lebe ich in der Vergangenheit mit all diesen wunderbaren Männern und Frauen, dachte sie; sie sind es, die mich kannten; nur diese Menschen haben mich verstanden (und sie dachte an den sternenbeschienenen Garten und die Bäume und den alten Mr Rogers und an ihren Vater, der in seinem weißen Leinenmantel rauchte). Sie spürte, dass ihre Augen weich und tief wurden wie beim Aufkommen von Tränen, als sie dort in Mrs Dalloways Salon stand und die Leute, die Blumen, die lärmende, fröhlich plaudernde Menge betrachtete; sich selbst, das kleine Mädchen, welches später so weit reisen sollte, welches rannte, um Duftsteinrich zu pflücken, und dann in der Dachstube, die nach Kiefernholz roch, im Bett aufsaß und Geschichten und Gedichte las. Zwischen dem zwölften und dem fünfzehnten Lebensjahr hatte sie alles von Shelley gelesen und, die Hände auf dem Rücken verschränkt, die Verse vor ihrem Vater aufgesagt, der nur erstaunt blickte. In ihrem Hinterkopf begannen die Tränen aufzusteigen, als sie dieses Bild von sich betrachtete und dem Kind, das dort stand und mit dunklen, wilden Augen Shelley rezitierte, das Leid eines ganzen Lebens hinzufügte (sie hatte abscheulich gelitten, das Leben war wie ein Rad über sie hinweggerollt, das Leben war nicht, was es damals zu sein schien – es war wie diese Party). Aber was hatten diese Augen später nicht alles gesehen?

Und nur diese Menschen, inzwischen tot, zur Ruhe gebettet im stillen Schottland, hatten je all das gesehen, was zu sein sie das Zeug hatte; hatten sie gekannt; wussten, was zu sein sie das Zeug hatte. Und als sie jetzt an das kleine

Mädchen im Baumwollkleid dachte, kamen ihr auch schon die Tränen; wie groß und dunkel ihre Augen gewesen waren; wie schön sie ausgesehen hatte, als sie wieder einmal die »Ode an den Westwind« deklamierte; wie stolz ihr Vater auf sie gewesen war und wie bedeutend er war, wie bedeutend auch ihre Mutter, und sie selbst, wenn sie mit ihnen zusammen war, so vollkommen rein, so gut, so begabt, dass sie das Zeug dazu hatte, alles zu sein; dass, wenn sie noch am Leben wären und sie stets bei ihnen im Garten (der inzwischen der einzige Ort zu sein schien, an dem sie ihre Kindheit verbracht hatte, und immer war er sternenbeschienen, und immer war Sommer, und immer saßen sie draußen unter der Zeder und rauchten, außer dass ihre Mutter irgendwie allein vor sich hinträumte, unter ihrer Witwenhaube, zwischen ihren Blumen; und wie gut und freundlich und respektvoll die alten Diener waren, Andrews, der Gärtner, Jersy, die Köchin; und der alte Sultan, der Neufundländer; und der Weinstock und der Teich und die Pumpe und) – Mrs Vallance, die sehr grimmig und stolz und spöttisch aussah, verglich ihr Leben mit dem anderer Menschen – und wenn jenes Leben ewig hätte währen können, dann, empfand Mrs Vallance, hätte nichts von dem hier – und sie betrachtete Jack Renshaw und das Mädchen, dessen Kleidung er bewunderte – irgendein Dasein, und sie wäre, ach, vollkommen glücklich, vollkommen gut, statt einem jungen Mann zuhören zu müssen, der sagte – und jetzt musste sie fast verächtlich lachen, und doch standen ihr Tränen in den Augen –, er könne es nicht ertragen, sich Cricketspiele anzusehen!

Zusammen und getrennt

Mrs Dalloway stellte sie einander vor und sagte, sie werde ihn mögen. Das Gespräch begann einige Minuten, bevor überhaupt irgendetwas gesagt wurde, denn sowohl Mr Serle als auch Miss Anning betrachteten den Himmel, und in beider Köpfen, wenn auch sehr unterschiedlich, fuhr der Himmel fort, seine Bedeutung auszugießen, bis Mr Serles Anwesenheit an ihrer Seite so unübersehbar wurde, dass Miss Anning nicht mehr einfach nur den Himmel sah, sondern den Himmel, gestützt von dem großgewachsenen Körper, den dunklen Augen, dem grauen Haar, den gefalteten Händen, dem strengen, melancholischen (aber man hatte ihr gesagt: »gekünstelt melancholischen«) Gesicht Roderick Serles, und obwohl sie wusste, wie töricht es war, fühlte sie sich zu dem Satz genötigt:

»Was für eine wunderschöne Nacht!«

Töricht! Idiotisch töricht! Aber wenn man im Alter von vierzig Jahren nicht töricht sein darf in Gegenwart des Himmels, der noch den Weisesten schwach im Geiste macht, zu einem bloßen Strohwisch – sie und Mr Serle, wie sie dort an Mrs Dalloways Fenster stehen, zu Atomen, Partikeln, und ihr Leben, bei Mondlicht betrachtet, so kurz wie das eines Insekts und auch nicht von größerem Belang.

»Nun!«, sagte Miss Anning und tätschelte mit Nachdruck das Sofakissen. Und da setzte er sich neben sie. War er, wie man ihm nachsagte, »gekünstelt melancholisch«? Angespornt durch den Himmel, der alles ein wenig sinnlos erscheinen ließ – was man sagte, was man tat –, gab sie abermals etwas vollkommen Banales von sich:

»Als ich ein Mädchen war, lebte in Canterbury eine Miss Serle.«

Den Himmel im Kopf, erschienen Mr Serle sämtliche Gräber seiner Vorfahren sogleich in einem blauen, romantischen Licht, seine Augen weiteten und verdunkelten sich, und er sagte:

»Ja. – Unseren Ursprüngen nach sind wir eine normannische Familie, die mit Wilhelm dem Eroberer herüberkam. Ein Richard Serle ist in der Kathedrale beigesetzt. Er war Ritter des Hosenbandordens.«

Miss Anning spürte, dass sie zufällig auf den wahren Mann gestoßen war, auf dem der falsche Mann aufruhte. Unter dem Einfluss des Mondes (des Mondes, der für sie den Menschen symbolisierte, sie konnte ihn durch einen Vorhangspalt sehen, und sie nahm ein Bad im Mondschein) war sie imstande, fast alles zu sagen, und sie machte sich daran, den wahren Mann zum Vorschein zu bringen, der unter dem falschen begraben war, und sagte zu sich selbst: »Vorwärts, Stanley, vorwärts« – was ein Schlachtruf von ihr war, ein heimlicher Ansporn oder eine Geißel, mit der Menschen mittleren Alters oft ein eingefleischtes Laster auszutreiben suchen, wobei ihres eine beklagenswerte Schüchternheit oder vielmehr Trägheit war, denn es fehlte ihr nicht so sehr an Mut, sondern an Kraft, vor allem im Gespräch mit Männern, die sie eher ängstigten, und so versandeten ihre Gespräche oft in langweiligen Gemeinplätzen, und sie hatte nur sehr wenige Männer zu Freunden – auch nur sehr wenige intime Freundinnen, dachte sie, aber wollte sie diese überhaupt? Nein. Sie hatte Sarah, Arthur, das Cottage, den Chow-Chow und natürlich *das*, dachte sie und versank, verlor sich, noch während sie neben Mr Serle auf dem Sofa saß, in *dem*, in dem Gefühl, das sie hatte, wenn sie nach Hause kam, dass etwas dort versammelt war, eine Anhäufung von Wundern, von der sie nicht glauben konnte, dass auch andere Leute sie erlebten (da nur sie es war, die Arthur, Sarah, das Cottage und den Chow-Chow hatte), und wieder verlor sie sich in dem tiefen, befriedigenden Besitz und spürte, dass sie es sich dieset- und des Mondes wegen (der Mond, das war Musik) leisten konnte, diesen Mann und seinen Stolz auf die Serles einfach begraben sein zu lassen. Nein! Das war die Gefahr – sie durfte nicht in Stumpfheit versinken – nicht in ihrem Alter. »Vorwärts, Stanley, vorwärts«, sagte sie zu sich selbst und fragte ihn:

»Kennen Sie Canterbury?«

Kannte er Canterbury! Mr Serle lächelte und dachte, wie absurd die Frage war – wie wenig sie wusste, diese nette, stille Frau, die bestimmt irgendein Instrument spielte und intelligent schien und gute Augen hatte und eine sehr schöne alte Halskette trug, wie wenig sie wusste, was das bedeutete. Gefragt zu werden, ob er Canterbury kenne. Wo doch die besten Jahre seines Lebens, all seine Erinnerungen, Dinge, die er niemandem je erzählen konnte, die er aber aufzuschreiben versuchte – ah, aufzuschreiben versuchte (und er seufzte), ihren Mittelpunkt in Canterbury hatten; es reizte ihn zum Lachen.

Seine Seufzer und sein Lachen, seine Melancholie und sein Humor machten ihn beliebt bei den Leuten, das wusste er, und doch hatte seine Beliebtheit nicht die Enttäuschung wettgemacht, und wenn er die Zuneigung, die die Leute für ihn empfanden, ausnutzte (indem er verständnisvollen Damen lange Besuche abstattete, lange, lange Besuche), so geschah es halb verbittert, denn nie hatte er auch nur ein Zehntel von dem getan, was er hätte tun können und was zu tun er sich erträumt hatte, als Junge in Canterbury. Bei Fremden verspürte er neue Hoffnung, denn die konnten nicht sagen, dass er nicht getan, was er verheißen hatte, und wenn sie seinem Charme erlagen, würde es ihm einen Neuanfang ermöglichen – mit fünfzig! Sie hatte die Quelle berührt. Felder und Wiesen und graue Gebäude tropften herab in seinen Geist, bildeten an den kargen, dunklen Wänden seines Geistes silberne Tropfen und tropften herab. Oft begannen seine Gedichte mit einem solchen Bild. Nun, da er bei dieser stillen Frau saß, verspürte er den Wunsch, Bilder heraufzubeschwören.

»Ja, ich kenne Canterbury«, sagte er erinnerungsvoll, gefühlvoll und lud, wie Miss Anning fand, zu diskreten Fragen ein, und das war es, was ihn für so viele Leute interessant machte, und diese seine außergewöhnliche

Gewandtheit und Gesprächsbereitschaft war ihm zum Verhängnis geworden, so dachte er oft, wenn er nach einer dieser Partys (und während der Saison ging er manchmal fast jeden Abend aus) seine Manschettenknöpfe abnahm und seine Schlüssel und sein Kleingeld auf die Frisierkommode legte und, wenn er zum Frühstück hinunterging, ganz anders wurde, mürrisch, unwirsch zu seiner Frau, die gebrechlich war und nie ausging, mitunter aber alte Bekannte zu Besuch hatte, meist Frauen, die sich für indische Philosophie, verschiedene Heilmethoden und verschiedene Ärzte interessierten, welche Roderick Serle mit einer bissigen Bemerkung abtat, die zu gescheit war, als dass sie etwas entgegnen konnte, außer einem sanften Verweis und ein oder zwei Tränen – er hatte versagt, dachte er oft, weil er sich von der Gesellschaft und dem Umgang mit Frauen, der für ihn so unverzichtbar war, nicht völlig lossagen konnte, um zu schreiben. Er hatte sich zu sehr auf das Leben eingelassen – und hier schlug er die Beine übereinander (alle seine Bewegungen waren ein wenig unkonventionell und distinguiert) und gab sich nicht etwa selbst die Schuld daran, sondern schob sie auf den Reichtum seiner Natur, die er, und zwar zu seinen Gunsten, beispielsweise mit der Wordsworths verglich, und da er den Menschen so viel gegeben hatte, fand er, den Kopf auf die Hände gestützt, sie sollten ihm ihrerseits helfen, und dies war der Auftakt, furchtsam, faszinierend, erregend, zu einem Gespräch; und in seinem Kopf sprudelten Bilder.

»Sie ist wie ein Obstbaum – wie ein blühender Kirschbaum«, sagte er und blickte auf eine junge Frau mit feinem weißem Haar. Ein schönes Bild, dachte Ruth Anning – recht schön, war sich jedoch nicht sicher, ob sie diesen distinguierten, melancholischen Mann mit seinen Gesten wirklich mochte; und es ist seltsam, dachte sie, wie die eigenen Gefühle beeinflusst werden. Sie mochte ihn nicht, auch wenn sie seinen Vergleich einer Frau mit einem Kirschbaum mochte. Wie die Tentakel einer Seeanemone bewegten sich ihre Fasern kapriziös in die eine oder andere Richtung, bald erregt, bald brüskiert, und ihr Gehirn, kilometerweit entfernt, kühl und entlegen, hoch oben in der Luft, empfing Botschaften, die es irgendwann zusammenfassen würde, sodass sie, wenn die Leute über Roderick Serle sprachen (und er war schon ungewöhnlich), ohne zu zögern sagen würde: »Ich mag ihn« oder »Ich mag ihn nicht«, und ihre Meinung würde für immer feststehen. Ein sonderbarer Gedanke; ein feierlicher Gedanke, der ein grünes Licht auf das wirft, was menschliches Miteinander ausmacht.

»Seltsam, dass Sie Canterbury kennen«, sagte Mr Serle. »Es ist immer ein Schock«, fuhr er fort (nachdem die weißhaarige Dame vorbeigegangen war), »wenn man jemandem begegnet«, (sie waren sich noch nie zuvor begegnet), »gewissermaßen durch Zufall, der den Saum dessen berührt, was einem selbst sehr viel bedeutet hat, ihn versehentlich berührt, denn ich vermute, Canterbury war für Sie nichts weiter als eine schöne alte Stadt. Dann haben Sie also bei einer Tante einen Sommer dort verbracht?« (Das war alles, was Ruth Anning ihm über ihren Besuch in Canterbury erzählen würde.) »Und Sie haben sich die Sehenswürdigkeiten angesehen, sind abgereist und haben nie wieder daran gedacht.«

Sollte er ruhig so denken; da sie ihn nicht mochte, wollte sie, dass er mit einer absurden Vorstellung von ihr davonging. Denn tatsächlich waren ihre drei Monate in Canterbury erstaunlich gewesen. Obwohl es sich nur um einen Gelegenheitsbesuch gehandelt hatte, erinnerte sie sich bis ins kleinste Detail daran, wie sie Miss Charlotte Serle, einer Bekannten ihrer Tante, einen Besuch abgestattet hatte. Selbst jetzt noch konnte sie Miss Serles Bemerkung über den Donner wörtlich wiedergeben. »Immer wenn ich aufwache oder nachts Donner höre, denke ich: ›Jemand ist umgebracht worden.‹« Und sie sah den harten, haarigen Teppich mit dem Rautenmuster und die funkelnden, blutunterlaufenen braunen Augen der ältlichen Dame vor sich, die, während sie die Bemerkung über den Donner machte, die ungefüllte Teetasse hinhielt. Und stets sah sie Canterbury, ganz Gewitterwolke und fahle Apfelblüte, und die langgestreckten grauen Rückseiten der Gebäude.

Der Donner weckte sie aus dem übergroßen Anfall von Teilnahmslosigkeit, wie man ihn in mittlerem Alter erlebt. »Vorwärts, Stanley, vorwärts«, sagte sie zu sich selbst; das heißt, dieser Mann wird mir nicht wie alle anderen in dieser falschen Annahme von mir entgleiten; ich werde ihm die Wahrheit sagen.

»Ich habe Canterbury geliebt«, sagte sie.

Er fing sofort Feuer. Das war seine Gabe, seine Schwäche, sein Schicksal.

»Geliebt«, wiederholte er. »Das kann ich sehen.«

Ihre Tentakel sandten ihr die Botschaft, dass Roderick Serle nett war.

Ihre Blicke trafen sich; vielmehr: Sie prallten aufeinander, denn jeder spürte, dass hinter den Augen jenes abgeschiedene Wesen, welches im Dunkeln sitzt, während sein seichter, wendiger Begleiter all die lockenden Zeichen gibt und die Show am Laufen hält, plötzlich aufrecht stand; den Mantel abwarf; den anderen zur Rede stellte. Es war erschreckend; es war furchterregend. Sie waren nicht mehr jung und zu leuchtender Glätte geschliffen, sodass Roderick Serle im Laufe einer Saison vielleicht auf ein Dutzend Partys ging und nichts Außergewöhnliches empfand oder nur sentimentales Bedauern und den Wunsch nach hübschen Bildern – wie dem des blühenden Kirschbaums –, und in ihm die ganze Zeit ungeschürt eine Art Überlegenheit gegenüber den anderen Gästen schwelte, ein Gefühl ungenutzter Ressourcen, das ihn unzufrieden mit seinem Leben, mit sich selbst, gähnend, leer, launisch nach Hause schickte. Jetzt dagegen, ganz unvermittelt, wie ein weißer Blitz im Nebel (dieses Bild formte sich mit der Unausweichlichkeit eines Blitzes und rückte in sein Blickfeld) war es geschehen; die alte Ekstase des Lebens; deren unbezwingbarer Überfall; denn sie war unangenehm, noch während sie jubelte und verjüngte und Adern und Nerven mit Fäden aus Eis und Feuer füllte; sie war erschreckend. »Canterbury vor zwanzig Jahren«, sagte Miss Anning, wie man über ein grelles Licht einen Schirm legt oder einen leuchtenden Pfirsich mit einem grünen Blatt bedeckt, denn er ist zu kräftig, zu reif, zu rund.

Zuweilen wünschte sie, sie hätte geheiratet. Zuweilen kam ihr der kühle Friede der Lebensmitte mit ihren automatischen Vorrichtungen, die Geist und Körper vor Prellungen schützen sollten, minderwertig vor, verglichen mit dem Donner und der fahlen Apfelblüte von Canterbury. Sie konnte sich etwas anderes vorstellen, eher wie Blitze, greller. Sie konnte sich eine körperliche Empfindung vorstellen. Sie konnte sich vorstellen –

Und merkwürdigerweise, denn sie hatte ihn noch nie zuvor gesehen, sandten ihre Sinne, jene erregten und brüskierten Tentakel, jetzt keine Botschaften mehr aus, waren untätig, als würden sie und Mr Serle einander so vollkommen kennen, wären in der Tat so eng vereint, dass sie diesen Fluss nur noch Seite an Seite hinabzutreiben brauchten.

Nichts ist so seltsam wie der Umgang zwischen Menschen, dachte sie, wegen der Veränderungen, der außerordentlichen Irrationalität, denn ihre Abneigung war jetzt nichts anderes als die intensivste und schwelgerischste Liebe, doch kaum war ihr das Wort »Liebe« in den Sinn gekommen, verwarf sie es auch schon wieder, weil sie dachte, wie vernebelt der Verstand doch war, mit seinen wenigen Wörtern für all diese erstaunlichen Empfindungen, dieses Wechselspiel von Schmerz und Freude. Denn wie sollte man es benennen? Das war es, was sie jetzt empfand, der Entzug menschlicher Zuneigung, Serles Verschwinden und ihrer beider sofortiges Bedürfnis, zu verschleiern, was für die menschliche Natur so trostlos und erniedrigend war, dass alle versuchten, ihn schicklich außer Sicht zu bestatten – diesen Entzug, diesen Vertrauensbruch –, und indem sie nach einer schicklichen, anerkannten und akzeptierten Bestattungsform suchte, sagte sie:

»Natürlich, was auch immer sie tun, sie können Canterbury nicht ruinieren.«

Er lächelte; er akzeptierte es; er schlug die Beine andersherum übereinander. Sie tat ihre Schuldigkeit; er die seine. So kamen die Dinge zu einem Ende. Und augenblicklich überkam sie beide jene lähmende Gefühlsleere, wenn aus dem Verstand nichts hervorbricht, wenn seine Wände wie Schiefer erscheinen; wenn die Leere fast schmerzt und die starren, versteinerten Augen denselben Fleck – ein Muster, einen Kohleneimer – mit einer Genauigkeit sehen, die furchterregend ist, weil sich keine Emotion, keine Idee, kein Eindruck irgendeiner Art einstellt, sie zu verändern, zu verwandeln, zu verschönern, weil die Quellen des Gefühls versiegelt scheinen und so wie der Geist auch der Körper erstarrt; steif und statuesk, sodass weder Mr Serle noch Miss Anning sprechen oder sich bewegen konnten, und schon fühlten sie sich, als habe sie ein Zauberer befreit und Frühling durchflute jede Ader mit dem Strom des Lebens, als Mira Cartwright Mr Serle neckisch auf die Schulter klopfte und sagte:

»Ich habe Sie bei den *Meistersingern* gesehen, und Sie haben mich geschnitten, Sie Schurke«, sagte Miss Cartwright. »Sie haben es nicht verdient, dass ich jemals wieder mit Ihnen spreche.«

Und sie konnten sich trennen.

Das neue Kleid

Den ersten ernsthaften Verdacht, dass etwas nicht stimmte, hatte Mabel, als sie ihren Umhang ablegte, und Mrs Barnet, die ihr den Spiegel reichte und die Bürsten berührte und so ihre Aufmerksamkeit, vielleicht etwas zu deutlich, auf all die Gerätschaften lenkte, die zum Herrichten und Auffrischen von Frisur, Teint und Kleidung auf dem Schminktisch lagen, bestärkte den Verdacht – dass etwas nicht stimmte, nicht ganz stimmte, ein Verdacht, der immer stärker wurde, als sie nach oben ging, und der sie, als sie Clarissa Dalloway begrüßte, mit solcher Wucht ansprang, dass sie schnurstracks zum anderen Ende des Zimmers lief, in eine dunkle Ecke, wo ein Spiegel hing, und nachsah. Nein! Etwas stimmte tatsächlich nicht. Und mit einem Mal befiel sie jenes Elend, das sie stets zu verbergen suchte, jenes tiefe Unbehagen – ein Gefühl, das sie seit ihrer Kindheit hatte: anderen Menschen unterlegen zu sein –, unerbittlich, schonungslos und mit einer solchen Heftigkeit, dass sie sich seiner nicht erwehren konnte, anders als wenn sie nachts zu Hause wachlag und Borrow oder Scott las; denn ach, diese Männer, ach, diese Frauen, sie alle dachten: »Was trägt Mabel da nur? Wie schrecklich sie aussieht! Was für ein scheußliches neues Kleid!« – und wenn sie herantraten, flackerten ihre Augenlider und schlossen sich dann fest. Was sie bedrückte, war ihre eigene entsetzliche Unzulänglichkeit; ihre Feigheit; ihr dünnes, wässriges Blut. Und mit einem Mal kam ihr das ganze Zimmer, in dem sie so viele Stunden lang mit der kleinen Schneiderin geplant hatte, wie alles vonstatten gehen sollte, schmutzig und abstoßend und ihr eigener Salon so schäbig vor, und sie selbst beim Hinausgehen, aufgeblasen vor Eitelkeit, als sie die Briefe auf dem Garderobentisch berührt und, um zu prahlen, gesagt hatte: »Wie öde!« – all das kam ihr jetzt unsäglich albern, belanglos und provinziell vor. All das war in dem Moment zerstört, entlarvt, zersprengt worden, da sie Mrs Dalloways Salon betrat.

Als sie an jenem Abend beim Tee saß und Mrs Dalloways Einladung eintraf, hatte sie gedacht, natürlich könne sie nicht *à la mode* sein. Es war lächerlich, auch nur so zu tun – Mode bedeutete Schnitt, bedeutete Stil, bedeutete mindestens dreißig Guineen –, aber warum nicht originell sein? Warum nicht einfach sie selbst sein? Und als sie aufgestanden war, hatte sie das alte Modebuch ihrer Mutter zur Hand genommen, ein Pariser Modebuch im Empire-Stil, und gedacht, um wie vieles hübscher, würdevoller und weiblicher sie doch damals waren, und so hatte sie sich vorgenommen – ach, es war töricht –, es ihnen gleichzutun, sich in der Tat damit zu brüsten, bescheiden und altmodisch und sehr charmant zu sein, hatte sich zweifellos einer Orgie der Selbstliebe hingegeben, die es verdiente, gestraft zu werden, und sich auf diese Weise herausgeputzt.

Doch sie wagte es nicht, in den Spiegel zu schauen. Sie konnte dem Grauen nicht ins Auge blicken – dem blassgelben, idiotisch altmodischen Seidenkleid mit dem langen Rock und den weiten Ärmeln und der Taille und all den Dingen, die im Modebuch so bezaubernd ausgesehen hatten, nicht jedoch an ihr, nicht zwischen all diesen gewöhnlichen Menschen. Wie sie so dastand, kam sie sich vor wie eine Kleiderpuppe, in die die jungen Leute Nadeln pieksen konnten.

»Aber, meine Liebe, es ist ganz und gar bezaubernd!«, sagte Rose Shaw und musterte sie von oben bis unten mit jenen spöttisch gekräuselten Lippen, mit denen sie gerechnet hatte, denn Rose selbst war, genau wie alle anderen, stets nach der neuesten Mode gekleidet.

Wir alle sind wie Fliegen, die versuchen, über den Rand der Schale zu krabbeln, dachte Mabel und wiederholte den Satz, als wolle sie sich bekreuzigen, als versuche sie, einen Zauberspruch zu finden, der diesen Schmerz lindern, diese Qual erträglich machen würde. Wenn sie Qualen litt, fielen ihr plötzlich Zitate von Shakespeare ein, Zeilen aus Büchern, die sie vor langer Zeit gelesen hatte, und sie wiederholte sie ein ums andere Mal. »Fliegen, die zu krabbeln versuchen«, sagte sie. Wenn sie den Satz nur oft genug wiederholte und sich zwang, die Fliegen zu *sehen*, würde sie gefühllos werden, kalt, starr und stumm. Jetzt konnte sie die Fliegen sehen, wie sie langsam, mit verklebten Flügeln, aus einer Schale mit Milch krabbelten; und sie strengte sich an, strengte sich an (wie sie so vor dem Spiegel stand und Rose Shaw zuhörte), Rose Shaw und all die anderen Menschen dort als Fliegen zu sehen, die versuchten, sich aus etwas herauszu- oder in etwas hineinzuhieven, armselige, unbedeutende, sich abmühende Fliegen. Doch nicht diese konnte sie so sehen, nicht die anderen Menschen. Sich selbst sah sie so – sie war eine Fliege, die anderen dagegen waren Libellen, Schmetterlinge, wunderschöne Insekten, die tanzten, flatterten und schwebten, während sie allein sich aus der Schale kämpfte. (Neid und Gehässigkeit, die verabscheuungswürdigsten aller Laster, waren ihre hauptsächlichen Schwächen.)

»Ich komme mir vor wie eine unansehnliche, hinfällige, furchtbar schmuddelige alte Fliege«, sagte sie, nur um Robert Haydon aufhorchen und innehalten zu lassen, nur um sich selbst zu beruhigen, indem sie mit einer armseligen Redewendung aufwartete und so bewies, wie abgeklärt sie war, wie geistreich, und dass sie sich nicht im Geringsten fehl am Platze fühlte. Und natürlich erwiderte Robert Haydon etwas ziemlich Höfliches, etwas ziemlich Unaufrichtiges, das sie sofort durchschaute, und sobald er weitergegangen war, sagte sie zu sich selbst (wieder aus irgendeinem Buch): »Lügen, Lügen, Lügen!« Denn eine Party, dachte sie, macht die Dinge entweder sehr viel wirklicher oder sehr viel weniger wirklich; im Nu sah sie auf den Grund von Robert Haydons Herz hinab; sie durchschaute alles. Sie sah die Wahrheit. *Dies* war wahr, dieser Salon, dieses Ich, das andere falsch. In Wirklichkeit war Miss Milans kleine Werkstatt furchtbar heiß, stickig, schmutzig. Es roch nach Kleidern und gekochtem Kohl; und doch, als Miss Milan ihr den Spiegel in die Hand drückte und sie sich in dem fertigen Kleid erblickte, durchschoss sie ein außerordentliches Glücksgefühl. Von Licht durchflutet, sprang sie ins Dasein. Von Sorgen und Falten befreit, stand vor ihr, was sie sich erträumt hatte – eine schöne Frau. Nur eine Sekunde lang (länger hatte sie nicht hinzuschauen gewagt, Miss Milan wollte die Rocklänge wissen) blickte ihr, gerahmt von verschnörkeltem Mahagoni, ein grauhaariges, rätselhaft lächelndes, bezauberndes Mädchen entgegen, der Kern ihrer selbst, die Seele ihrer selbst; und es war nicht nur Eitelkeit, nicht nur Selbstliebe, dass sie sie für gut, zart und wahr befand. Miss Milan sagte, der Rock dürfe keineswegs länger ausfallen; wenn überhaupt, sagte Miss Milan, indem sie die Stirn in Falten legte und ihre Gedanken zusammennahm, müsse der Rock kürzer ausfallen; und plötzlich fühlte sie sich von aufrichtiger Liebe zu Miss Milan erfüllt, hatte Miss Milan viel, viel lieber als irgendeinen anderen Menschen auf der Welt und hätte vor Mitleid weinen können, weil Miss Milan, den Mund voller Stecknadeln, mit gerötetem Gesicht und hervorquellenden Augen auf dem Boden umherkroch – dass ein Menschenwesen dies für ein anderes tat, und sie sah sie alle als bloße Menschenwesen, auch sich selbst, wie sie auf die Party ging, und Miss Milan, wie sie die Decke über den Käfig des Kanarienvogels zog oder sich von ihm ein Hanfkorn von den Lippen picken ließ, und der Gedanke daran, an diese Seite der menschlichen Natur, an ihre Geduld, Ausdauer und Zufriedenheit mit solch erbärmlichen, dürftigen, schäbigen kleinen Vergnügungen füllte ihre Augen mit Tränen.

Und jetzt hatte sich das alles verflüchtigt. Das Kleid, das Zimmer, die Liebe, das Mitleid, der verschnörkelte Spiegel und der Kanarienvogelkäfig – all das war verschwunden, und hier stand sie nun in einer Ecke von Mrs Dalloways Salon und litt Folterqualen, hellauf zur Wirklichkeit erwacht.

Dabei war es so jämmerlich, schwachherzig und kleingeistig, sich in ihrem Alter und mit zwei Kindern so viele Sorgen zu machen, noch immer auf die Meinungen anderer angewiesen zu sein und keine eigenen Grundsätze oder Überzeugungen zu haben, nicht wie andere Leute sagen zu können: »Dort ist Shakespeare! Dort ist der Tod! Wir alle sind Maden, die den Schiffszwieback befallen« – oder was immer die Leute sagten.

Sie blickte sich geradewegs im Spiegel an; sie zupfte an ihrer linken Schulter; sie trat ins Zimmer, als würden von allen Seiten Speere auf ihr gelbes Kleid geworfen. Statt jedoch grimmig oder tragisch auszusehen, wie Rose Shaw es getan hätte – Rose hätte wie Boadicea ausgesehen –, wirkte sie tölpelhaft und gehemmt, lächelte einfältig wie ein Schulmädchen und ging vornübergebeugt durch den Raum, schlich geradezu wie ein geprügelter Köter und betrachtete ein Gemälde, einen Stich. Als ob man auf eine Party ging, um ein Gemälde zu betrachten! Alle wussten, weshalb – aus Scham, aus Demütigung.

»Jetzt sitzt die Fliege in der Schale«, sagte sie zu sich selbst, »sitzt mittendrin und kann nicht heraus, und die

Milch«, dachte sie und blickte starr auf das Gemälde, »verklebt ihr die Flügel.«

»Es ist so altmodisch«, sagte sie zu Charles Burt, der gerade auf dem Weg war, um sich mit jemand anderem zu unterhalten, und zwang ihn, stehen zu bleiben (was er an sich schon hasste).

Sie meinte oder versuchte doch, es sich einzureden, das Gemälde sei altmodisch, nicht ihr Kleid. Und in diesem Moment hätte ein einziges Wort des Lobes, ein einziges Wort der Zuneigung von Charles die Welt für sie bedeutet. Hätte er doch nur gesagt: »Mabel, Sie sehen bezaubernd aus heute Abend!«, es hätte ihr Leben verändert. Dann allerdings hätte sie ehrlich und direkt sein müssen. Natürlich sagte Charles nichts dergleichen. Er war die Bosheit in Person. Er durchschaute einen immer, erst recht, wenn man sich besonders durchschnittlich, erbärmlich oder willensschwach fühlte.

»Mabel hat ein neues Kleid«, sagte er, und die arme Fliege wurde endgültig in die Mitte der Schale gestoßen. Er wollte tatsächlich, dass sie ertrank, glaubte sie. Er hatte kein Herz, keine grundsätzliche Güte, nur den Anstrich von Freundlichkeit. Da war Miss Milan viel echter, viel gütiger. Wenn man es nur fühlen und sich stets daran festhalten könnte. »Warum?«, fragte sie sich – und antwortete Charles viel zu schnippisch, sodass er merkte, dass sie schlecht gelaunt war oder »missgestimmt«, wie er es nannte (»Wohl ziemlich missgestimmt?«, sagte er und ging weiter, um sich mit irgendeiner Frau dort drüben über sie lustig zu machen) –, »warum«, fragte sie sich,

»kann ich nicht immer das eine fühlen, mir sicher sein, dass Miss Milan recht hat und Charles unrecht, und mich daran festhalten, mir sicher sein, was den Kanarienvogel, das Mitleid und die Liebe betrifft, und mich nicht um hundertachtzig Grad drehen, sobald ich einen Raum voller Menschen betrete?« Da war er wieder, ihr abstoßender, schwacher, wankelmütiger Charakter, der immer im entscheidenden Moment versagte, der sich nicht ernsthaft für Muschelkunde, Etymologie, Botanik oder Archäologie interessierte, für das Aufschneiden und Keimen von Kartoffeln, so wie Mary Dennis, wie Violet Searle.

Dann sah Mrs Holman sie dort stehen und stürzte sich auf sie. Für Mrs Holman, deren Familie ständig die Treppe hinunterfiel oder an Scharlach erkrankte, war so etwas wie ein Kleid natürlich nicht der Beachtung wert. Konnte Mabel ihr sagen, ob Elmthorpe je im August und September vermietet wurde? Oh, dieses Gespräch langweilte sie unsäglich! – Es machte sie wütend, wie ein Häusermakler oder Laufbursche behandelt zu werden, ausgenutzt zu werden. Keinen Wert zu haben, das war es, dachte sie und versuchte, etwas Festes, etwas Wirkliches zu fassen, während sie zugleich versuchte, vernünftig Auskunft zu geben über das Badezimmer und die Südlage und das bis ins Obergeschoss reichende Warmwasser; und die ganze Zeit konnte sie in dem runden Spiegel, der sie alle auf Stiefelknopf- oder Kaulquappengröße reduzierte, kleine Stückchen ihres gelben Kleides sehen; und es war erstaunlich, wenn man sich vorstellte, wie viel Demütigung und Qual und Selbsthass und Mühe und leidenschaftliches Auf und Ab von Gefühlen ein Ding von der Größe eines Dreipennystücks enthielt. Und was noch merkwürdiger war, dieses Ding, diese Mabel Waring, war abgetrennt, ganz losgelöst; und obwohl Mrs Holman (der schwarze Knopf) sich vorbeugte und ihr erzählte, beim Rennen habe ihr ältester Junge das Herz überanstrengt, konnte sie auch sie im Spiegel sehen, ganz abgesondert, und es war unmöglich, dass der schwarze Punkt, der sich vorbeugte und gestikulierte, den gelben Punkt, der ganz für sich und nur mit sich selbst beschäftigt dasaß, dazu bringen konnte, zu empfinden, was der schwarze Punkt empfand, und doch taten sie so.

»Jungs lassen sich einfach nicht bändigen« – etwas in der Art sagte man dann.

Und Mrs Holman, die nie genug Mitgefühl erhaschen konnte und das bisschen, das es gab, gierig an sich riss, als stünde es ihr zu (dabei verdiente sie viel mehr, denn da war auch noch ihr kleines Mädchen, das am Morgen mit einem geschwollenen Kniegelenk die Treppe heruntergekommen war), nahm das armselige Geschenk und beäugte es verdrießlich, argwöhnisch, als wäre es ein halber Penny, wenn es ein Pfund hätte sein müssen, und steckte es in ihre Geldbörse, musste sich damit zufriedengeben, so kleinlich und mickrig es war, denn es herrschten harte Zeiten, furchtbar harte Zeiten; und knarzend redete sie immer weiter, die gekränkte Mrs Holman, von dem Mädchen mit den geschwollenen Gelenken. Ach, es war tragisch, diese Gier, dieses Geschrei von Menschenwesen, die wie eine Schar Kormorane krächzend und flügelschlagend um Mitgefühl bettelten – es war tragisch, hätte man es empfinden können, statt nur so zu tun!

Heute Abend aber, in ihrem gelben Kleid, konnte sie keinen einzigen Tropfen mehr aus sich herauspressen; sie wollte alles, alles für sich. Sie wusste (weiter in den Spiegel schauend, weiter in das furchtbar entlarvende blaue Becken tauchend), dass sie verdammt war, verachtet, zurückgelassen in der Ödnis, weil sie nun einmal so war, ein schwaches, schwankendes Geschöpf; und es kam ihr vor, als sei das gelbe Kleid eine Buße, die sie verdiente, und wäre sie gekleidet gewesen wie Rose Shaw, in ein liebliches, anschmiegsames Grün mit einer Krause aus Schwanendaunen, hätte sie auch dies verdient; und sie dachte, dass es kein Entrinnen für sie gebe – nicht das geringste. Aber es war ja nicht ganz ihre Schuld. Vielmehr lag es daran, dass sie einer zehnköpfigen Familie entstammte, dass das Geld nie langte, dass immer geknapst und geknausert wurde; dass ihre Mutter große Kannen trug und das Linoleum an den Treppenkanten abgenutzt war und sich eine unerquickliche kleine häusliche Tragödie nach der anderen ereignete – nichts Katastrophales; die Schafsfarm scheiterte, aber nicht gänzlich; ihr ältester Bruder heiratete unter seinem Stand, aber nicht sehr – es gab nichts Romantisches, nichts Außergewöhnliches, bei keinem von ihnen. In Badeorten verliefen ihre Leben achtbar im Sande; noch jetzt schlummerte in jedem Seebad eine ihrer Tanten in einer Unterkunft, deren Vorderfenster nicht ganz aufs Meer blickten. Das sah ihnen ähnlich – stets mussten sie nach den Dingen schielen.

Und sie hatte das Gleiche getan – sie war genau wie ihre Tanten. Angesichts all ihrer Träume von einem Leben in Indien, verheiratet mit einem Helden wie Sir Henry Lawrence, einem Architekten des Empire (der Anblick eines Einheimischen mit Turban erfüllte sie noch immer mit romantischen Gefühlen), hatte sie gänzlich versagt. Sie hatte Hubert geheiratet, Hubert mit der festen, sicheren Anstellung eines Untergebenen bei Gericht, und sie kamen leidlich zurecht in einem kleinen Haus, ohne richtige Dienstmädchen, mit aufgewärmten Mahlzeiten, wenn sie allein war, oder auch nur einem Butterbrot, doch hin und wieder – Mrs Holman war davongegangen und hielt sie für die vertrocknetste, unsympathischste Schachtel, der sie je begegnet war, noch dazu skurril gekleidet, und würde allen von Mabels aberwitziger Aufmachung berichten –, hin und wieder, dachte Mabel Waring, die, inzwischen allein auf dem blauen Sofa, das Kissen aufklopfte, um beschäftigt zu wirken, denn sie wollte sich nicht zu Charles Burt und Rose Shaw am Kamin gesellen, die wie die Elstern ratschten und sich womöglich über sie lustig machten – hin und wieder wurden ihr köstliche Augenblicke zuteil, unlängst zum Beispiel eine Bettlektüre oder an Ostern unten am Meeressand in der Sonne – sie darf sich ruhig erinnern – ein großes Büschel hellen Strandhafers, das sich verdreht wie eine Garbe Lanzen gegen den Himmel abhob, der so blau, so fest, so hart war wie ein glattes Porzellanei, und dann die Melodie der Wellen – »Scht, scht«, sagten sie – und das Gekreisch der planschenden Kinder – ja, das war ein göttlicher Augenblick, und dort hatte sie, so empfand sie, in der Hand jener Göttin gelegen, die die Welt war, einer eher hartherzigen, aber sehr schönen Göttin; ein kleines Lamm, das auf den Altar gelegt wurde (man dachte derlei alberne Dinge, und es machte nichts, solange man sie nicht aussprach). Und auch mit Hubert erlebte sie mitunter – ganz unverhofft beim Tranchieren der sonntäglichen Hammelkeule, ohne ersichtlichen Grund beim Öffnen eines Briefes, beim Betreten eines Zimmers – göttliche Augenblicke, in denen sie zu sich selbst sagte (denn nie würde sie es zu jemand anderem sagen): »Das ist es. Das ist geschehen. Das ist es!« Und andersherum war es genauso überraschend, nämlich dann, wenn alles – Musik, Wetter, Urlaub – arrangiert war, wenn jeder Grund zum Glücklichsein gegeben war – dann geschah gar nichts. Man war nicht glücklich. Es war schal, einfach nur schal, das war alles.

Kein Zweifel, wieder ihr elendes Ich! Immer war sie eine reizbare, schwache, unzulängliche Mutter gewesen, eine schwankende Ehefrau, die in einer Art Dämmerdasein dahindöste, in dem nichts sehr deutlich oder sehr ausgeprägt war oder eines mehr als das andere, und darin glich sie allen ihren Geschwistern, außer vielleicht Herbert – sie alle waren dieselben armen dünnbütigen Geschöpfe, die nichts taten. Und dann, inmitten dieses kriechenden, krabbelnden Lebens, fand sie sich jählings auf einem Wogenkamm wieder. Die elende Fliege – wo nur hatte sie die Geschichte über die Fliege und die Schale gelesen, die ihr immer wieder in den Sinn kam? –

kämpfte sich heraus. Ja, sie erlebte solche Augenblicke. Nun aber, da sie vierzig war, würden sie sich immer seltener einstellen. Nach und nach würde sie den Kampf aufgeben. Aber das war erbärmlich! Das war unerträglich! Das war beschämend!

Morgen würde sie in die London Library gehen. Sie würde ein wunderbares, hilfreiches, erstaunliches Buch finden, ganz zufällig, das Buch eines Geistlichen, eines Amerikaners, von dem noch nie jemand etwas gehört hatte; oder sie würde die Strand hinuntergehen und unversehens in einen Saal geraten, wo ein Bergmann über das Leben in der Zeche erzählte, und plötzlich ein neuer Mensch werden. Sie würde Tracht tragen; sie würde Schwester Soundso heißen; sie würde sich nie wieder Gedanken über Kleidung machen. Und fürderhin würde sie sich über Charles Burt und Miss Milan und dieses und jenes Zimmer im Klaren sein; und immer, Tag für Tag, würde es so sein, als läge sie in der Sonne oder tranchiere eine Hammelkeule. Das wäre es!

So stand sie denn von dem blauen Sofa auf, und auch der gelbe Knopf im Spiegel stand auf, und sie winkte Charles und Rose zu, um ihnen zu zeigen, dass sie kein bisschen auf sie angewiesen war, und der gelbe Knopf bewegte sich aus dem Spiegel, und all die Speere trafen sie in die Brust, als sie auf Mrs Dalloway zuging und »Gute Nacht« sagte.

»Aber es ist zu früh, um schon zu gehen«, sagte Mrs Dalloway, die immer so charmant war.

»Ich fürchte, ich muss«, sagte Mabel Waring. »Aber«,

fügte sie mit ihrer schwachen, zittrigen Stimme hinzu, die, wenn sie ihr mehr Kraft zu verleihen suchte, nur umso lächerlicher klang, »ich habe mich köstlich amüsiert.«

»Ich habe mich amüsiert«, sagte sie zu Mr Dalloway, dem sie auf der Treppe begegnete.

»Lügen, Lügen, Lügen!«, sagte sie zu sich selbst, als sie die Treppe hinunterging, und »Mitten in die Schale!«, sagte sie zu sich selbst, als sie sich bei Mrs Barnet für deren Hilfe bedankte und sich in den chinesischen Umhang hüllte, den sie seit zwanzig Jahren trug.

Ein Resümee

Da es drinnen heiß und beengt geworden war, da an einem Abend wie diesem nicht die Gefahr von Feuchtigkeit drohte, da die chinesischen Laternen wie rote und grüne Früchte in den Tiefen eines verwunschenen Waldes zu hängen schienen, führte Mr Bertram Pritchard Mrs Latham in den Garten.
Die frische Luft und das Gefühl, im Freien zu sein, verwirrten Sasha Latham, die hochgewachsene, gutaussehende, eher träge wirkende Dame, deren majestätische Präsenz so beeindruckend war, dass man ihr nicht zutraute, dass sie sich, wenn sie auf einer Party etwas sagen sollte, vollkommen unzulänglich und unbeholfen vorkam. Aber genau so war es; und sie war froh, mit Bertram zusammen zu sein, bei dem man sogar im Freien darauf bauen konnte, dass er ohne Unterlass reden würde. Niedergeschrieben wäre das, was er sagte, unglaubwürdig gewesen – nicht nur war alles, was er sagte, an und für sich unbedeutend, vielmehr bestand zwischen den verschiedenen Äußerungen kein Zusammenhang. Hätte man einen Bleistift zur Hand genommen und seine Worte niedergeschrieben – und ein Abend seines Geredes hätte ein ganzes Buch gefüllt –, niemand hätte bei der Lektüre bezweifeln können, dass der arme Mann intellektuell

minderbemittelt war. Dies war bei Weitem nicht der Fall, denn Mr Pritchard war ein geschätzter Beamter und ein Companion of the Bath; noch seltsamer aber war, dass er nahezu ausnahmslos beliebt war. In seiner Stimme lag ein Klang, eine Emphase, in der Ungereimtheit seiner Ideen ein Glanz, von seinem runden, pausbäckigen braunen Gesicht und seiner rotkehlchenhaften Figur ging eine Emanation aus, etwas Immaterielles und Unfassliches, das unabhängig von seinen Worten, ja oft im Gegensatz zu ihnen existierte, florierte und sich manifestierte. Das würde Sasha Latham denken, während er über seine Rundreise durch Devonshire, über Gasthäuser und Wirtinnen, über Eddie und Freddie, über Kühe und nächtliche Fahrten, über Sahne und Sterne, über Kontinentaleisenbahnen und *Bradshaw's Railway Guide* plauderte, über Kabeljau, den er gefangen, und Erkältungen, die er sich eingefangen hatte, über Grippe, Rheuma und Keats – sie dachte an ihn abstrakt als eine Person, deren Dasein gut war, erschuf ihn, während er sprach, als eine Gestalt, die anders war als das, was er sagte, und die gewiss der wahre Bertram Pritchard war, auch wenn es sich nicht beweisen ließ. Wie konnte man beweisen, dass er ein treuer Freund und sehr sympathisch war und – aber hier, wie so oft, wenn sie mit Bertram Pritchard sprach, vergaß sie sein Dasein und begann, an etwas ganz anderes zu denken.

Es war die Nacht, an die sie dachte, als sie sich einen Ruck gab und in den Himmel schaute. Es war das Land, das sie plötzlich roch, die schwermütige Stille der Felder unter den Sternen; hier jedoch, in Mrs Dalloways Garten in Westminster, erregte sie, die auf dem Land geboren und aufgewachsen war, die Schönheit, vermutlich wegen des Kontrasts; dort der Geruch von Heu in der Luft und hinter ihr der Raum voller Menschen. Sie ging mit Bertram; sie ging eher wie ein Hirsch, mit leicht federnden Fußgelenken, sich Luft zufächelnd, majestätisch, schweigend, mit erregten Sinnen, mit gespitzten Ohren, und schnupperte die Luft, als sei sie ein wildes, aber vollkommen beherrschtes Geschöpf, das sich bei Nacht vergnügt.

Dies, dachte sie, ist das größte aller Wunder; die höchste Errungenschaft der Menschheit. Wo es Weidendickichte gegeben hatte und durch einen Sumpf paddelnde Weidenboote, gibt es dies; und sie dachte an das trockene, feste, gut gebaute Haus, das mit Wertsachen angefüllt war und nachgerade summte vor Menschen, die einander nahekamen und sich voneinander entfernten, Ansichten tauschten, sich gegenseitig anregten. Und Clarissa Dalloway hatte es geöffnet in der Ödnis der Nacht, hatte Pflastersteine über das Moor gelegt, und als sie zum Ende des Gartens gelangten (in Wahrheit war er sehr klein) und sie und Bertram sich auf Liegestühle setzten, betrachtete sie das Haus verehrungsvoll, begeistert, als durchbohre sie ein goldener Schaft, auf dem sich Tränen bildeten, die in inniger Danksagung herabfielen. Obwohl sie schüchtern war, von Grund auf bescheiden und, wenn sie unversehens jemandem vorgestellt wurde, fast außerstande, irgendetwas zu sagen, hegte sie eine tiefe Bewunderung für andere Menschen. Diese zu sein, wäre herrlich, sie aber war dazu verurteilt, sie selbst zu sein, und konnte, draußen in einem Garten sitzend, der menschlichen Gesellschaft, von der sie ausgeschlossen war, nur auf diese stumme, enthusiastische Weise Beifall zollen. Gedichtzeilen zu ihrem Lob drängten sich ihr auf die Lippen; sie waren anbetungswürdig und gut, vor allem aber mutig, Sieger über Nacht und Sümpfe, Überlebende, eine Gesellschaft von Abenteurern, die, von Gefahren umzingelt, weitersegeln.

Aufgrund einer Bosheit des Schicksals war sie nicht fähig, sich ihnen anzuschließen, doch konnte sie dasitzen und loben, während Bertram weiterplauderte, Bertram, der zu den Seefahrern zählte, als Schiffsjunge oder als einfacher Matrose – jemand, der fröhlich pfeifend Masten erklimmt. Als sie dies dachte, wurde der Ast eines Baumes vor ihr durchtränkt und durchdrungen von ihrer Bewunderung für die Menschen im Haus; er ließ Gold tropfen; oder er stand aufrecht Wache. Er war Teil der furchtlos zechenden Gesellschaft, ein Mast, von dem die Fahne flatterte. Vor der Mauer stand eine Art Fass, und auch das beschenkte sie.

Plötzlich wollte Bertram, der physisch unruhig wurde, die Anlage erkunden und sprang auf einen Haufen Ziegelsteine, um über die Gartenmauer zu spähen. Auch Sasha spähte hinüber. Sie sah einen Eimer oder vielleicht einen Stiefel. Im Nu war die Illusion verflogen. Da war wieder London, die weite, unaufmerksame, unpersönliche Welt; Omnibusse; geschäftliche Angelegenheiten; Lichter vor Schankwirtschaften; und gähnende Polizisten.

Als Bertram seine Neugier befriedigt und seine sprudelnden Gesprächsfontänen durch einen Moment der Stille wieder aufgefüllt hatte, lud er Mr und Mrs Soundso ein, sich zu ihnen zu setzen, und zog zwei weitere Liegestühle heran. Dort saßen sie nun und betrachteten dasselbe Haus, denselben Baum, dasselbe Fass; nur dass Sasha, nachdem sie über die Mauer geschaut und einen Blick auf den Eimer geworfen hatte oder vielmehr auf London, das unbekümmert seiner Wege ging, nicht länger jene Wolke aus Gold über der Welt versprühen konnte. Bertram sprach, und die Soundsos – sie konnte sich beim besten Willen nicht erinnern, ob sie Wallace oder Freeman hießen – antworteten, und alle ihre Worte drangen durch einen dünnen Schleier aus Gold und fielen ins nüchterne Tageslicht. Sie betrachtete das feste, trockene Haus im Queen-Anne-Stil; sie tat ihr Bestes, um sich daran zu erinnern, was sie in der Schule über die Isle of Thorney und Männer in Weidenbooten, über Austern, Wildenten und Nebeldunst gelesen hatte, aber es schien ihr eine logische Angelegenheit von Abflussrohren und Zimmerleuten zu sein, und diese Party – nichts als Menschen in Abendgarderobe.

Dann fragte sie sich, welcher Anblick der wahre sei. Sie konnte den Eimer sehen und das Haus, halb beleuchtet, halb unbeleuchtet.

Sie stellte diese Frage jemandem, den sie, auf ihre bescheidene Art, aus der Weisheit und Kraft anderer Menschen zusammengesetzt hatte. Die Antwort erfolgte oft zufällig – sie hatte ihren alten Spaniel antworten sehen, indem er mit dem Schwanz wedelte.

Jetzt schien ihr der Baum, seines Goldes und seiner Majestät beraubt, eine Antwort zu geben; er wurde zu einem Baum des Feldes – dem einzigen in einem Sumpf. Sie hatte ihn oft gesehen; die rot erglühenden Wolken zwischen seinen Ästen gesehen oder den gespaltenen Mond, der unregelmäßige Silberblitze schleuderte. Aber was für eine Antwort? Nun, dass die Seele – denn sie war sich einer Bewegung in ihrem Innern bewusst, der Bewegung eines Wesens, das sich einen Weg bahnte und zu entkommen suchte und das sie einstweilen Seele nannte – von Natur aus ungepaart ist, ein Witwenvogel; ein Vogel, der hoch oben auf jenem Baum sitzt.

Dann aber schob Bertram auf seine vertraute Art, denn er kannte sie ihr ganzes Leben lang, seinen Arm in ihren und äußerte, sie kämen ihrer Pflicht nicht nach und müssten wieder hineingehen.

In diesem Augenblick erscholl aus irgendeiner Hintergasse oder Schankwirtschaft die übliche furchtbare, geschlechtslose, undeutliche Stimme; ein Ruf, ein spitzer Schrei. Und der Witwenvogel flog erschrocken davon und beschrieb immer weitere Kreise, bis er (wie sie ihre Seele nannte) so fern war wie eine Krähe, die man durch einen Steinwurf aufscheucht in die Luft.

Nachwort

Der Eindruck, bei den hier versammelten Texten von Virginia Woolf handele es sich nicht, wie im englischen Untertitel angegeben, um eine *Short Story Sequence*, wäre verzeihlich. Schließlich stammen sie einerseits aus dem Umkreis ihres vierten und eindringlichsten Romans, *Mrs Dalloway*, an dem sie von Juni 1922 bis Januar 1925 mit höchster Konzentration arbeitete – daher der ihnen von Stella McNichol nachträglich verliehene Titel *Mrs Dalloway's Party* –, und tendieren andererseits, wie alle 23 Kurzgeschichten aus Woolfs Feder, kraft ihres Impressionscharakters zur lyrischen Skizze, zum Prosagedicht, kraft ihres Reflexionscharakters hingegen zur Studie, zum Essay.

Was den ersten möglichen Einwand gegen die generische Klassifikation als Kurzgeschichte angeht – diese »Stories« seien bloße Splitter vom Baume des Romans –, so verhält es sich mit dem Entstehungsprozess in Wahrheit umgekehrt: Das Blätterwerk des Romans erwuchs aus dem Steckling der kleinen Form. Aus Virginia Woolfs Vorhaben einer Folge separater und voneinander unabhängiger, als Kapitel bezeichneter Kurzgeschichten, die sich mit dem gesellschaftlichen Phänomen der Party und mit einem spezifischen »Partybewusstsein«[1] befassen sollten, ging der weitaus komplexere und dichtere Roman mit nur entfernt verwandter Thematik hervor; als dessen erstes Kapitel war ursprünglich die hier vorgestellte Kurzgeschichte »Mrs Dalloway in der Bond Street« vorgesehen.

Da sich Virginia Woolfs Intention und Perspektive im Verfolg ihrer Arbeit radikal verschoben, nahm sie dieses Eingangskapitel wieder heraus und entschloss sich dazu, es 1923 als Einzeltext in der Zeitschrift *The Dial* zu veröffentlichen. Auch »Das neue Kleid«, 1924 während der Überarbeitung und Reinschrift des Romanmanuskripts verfasst, sollte möglicherweise noch in das Textkorpus des Romans aufgenommen werden. Die anderen fünf[2] Geschichten, die im Jahr seiner Veröffentlichung, 1925, entstanden, stellen zwar, wie Stella McNichol überzeugend ausführt, eine Art Epilog zum abgeschlossenen Roman dar, zusammengehalten durch die Einheit der Thematik, die – zu denkende – Präsenz der früheren Zentralgestalt Clarissa Dalloway und ihre chronologische Abfolge (sie spielen teils vor, teils während und schließlich gegen Ende der Party); sie lassen sich jedoch durchaus als selbstständige Gebilde, unabhängig von der Lektüre des Romans, lesen und verstehen.

---

1 *The Diary of Virginia Woolf*, hrsg. von Anne Olivier Bell, Bd. 3: *1925–1930*. London: The Hogarth Press, 1980. S. 12. (27. April 1925).

2 Eine weitere Kurzgeschichte mit dem Titel »The Prime Minister« und ein Fragment sind in Stella McNichols Sammlung nicht enthalten.

Was den zweiten möglichen Einwand anbelangt – die Offenheit der Form –, so wäre es unangebracht, von den Positionen einer normativen Gattungspoetik aus dieser komprimierten Prosa das Etikett »Kurzgeschichte« abzusprechen. Es ist die lebendige Literatur, welche die überlieferten Formen dehnt oder sprengt, die eine akademische Poetik zu zementieren und ihr aufzuzwingen sucht. Thematisch und technisch erweist sich Virginia Woolf als Experimentatorin, als Innovatorin, die mit der literarischen Tradition mimetischen Erzählens bricht, sei es mit dem Phantasie-Essay »The Mark on the Wall« (1917) im Bereich der Kurzgeschichte oder – spätestens – mit *Jacob's Room* (1922) auf dem Gebiet des Romans.

Woolf ist neben James Joyce und Katherine Mansfield die eigentliche Begründerin und erste Vertreterin der Moderne in der englischsprachigen Kurzgeschichte. Ihre bedeutende Stellung in der englischen wie in der Weltliteratur verdankt sie nicht allein der ihrer Zeit weit vorauseilenden liberalen Spielart ihres Feminismus, sondern auch und gerade einer regelrechten Revolutionierung der literarischen Form: Neben der essayistischen Kurzgeschichte hat sie den lyrischen, den elegischen Roman gestaltet. Berührungspunkte ergeben sich mit dem Schaffen von Marcel Proust und James Joyce, die das Zentrum der schriftstellerischen Tätigkeit vom Sein ins Bewusstsein oder von der Gegenwart in die Erinnerung verlegen. *Mrs Dalloway* wie auch *Mrs Dalloway's Party* weisen zahllose Parallelen zu der Partywelt von *À la recherche du temps perdu* (1913–25) und – nicht zuletzt in der Beschränkung auf den Lebensausschnitt eines einzigen Tages – mit der Erzählstruktur von *Ulysses* (1922) auf. Nicht umsonst gilt Virginia Woolf der Lyrikerin und Essayistin Hilde Spiel als eines der »seltensten Güter«, als »weibliches Genie«.[3]

Worin besteht nun dieses Neue in ihrem Werk? Besessen von Argwohn gegen eine unverlässliche, unstabile Wirklichkeit, von Zweifeln an der Erzählbarkeit geradliniger Geschichten, verschiebt Virginia Woolf den Gegenstand ihrer Aufmerksamkeit von den Dingen und Ereignissen selbst zu den Empfindungen, die wir von ihnen haben. Tat-Sachen gehören einer versunkenen Welt an, in der Handeln und Helden noch möglich waren. Nichts ist einfach es selbst. Virginia Woolfs Romankunst ist die literarische Entsprechung zur Theorie der Empfindungskomplexe, mit der der Physiker, Physiologe und Philosoph Ernst Mach die Entsubstanzialisierung der materiellen Welt betrieb, wenn er in seinen Untersuchungen ausführte, dass »das ›Ding‹ ein Gedankensymbol für einen Empfindungskomplex von relativer Stabilität«[4] sei.

Virginia Woolf zufolge muss die Schriftstellerin die Wirklichkeit, da sie sich ihrer Totalität nicht mehr bemächtigen kann, in ihren erratischen Momenten vermitteln:

---

3 Hilde Spiel: »Virginia Woolf – Bildnis einer genialen Frau«, in: Virginia Woolf: *Augenblicke. Skizzierte Erinnerungen*, übers. von Elizabeth Gilbert, mit einem Essay von H. S. Stuttgart: Deutsche Verlagsanstalt, 1981. S. 15–39, hier S. 15.

4 Ernst Mach: *Die Mechanik in ihrer Entwicklung historisch-kritisch dargestellt*. Leipzig: Brockhaus, 1883. 31897. S. 473.

»Man sammelt Dinge ein, die auf der Oberfläche liegen.«[5] Darin gleicht sie dem impressionistischen Maler, der Licht und Schatten eines flüchtigen Moments für immer festzubannen sucht. Das Konzept des einheitlich komponierten Charakters und das seiner zusammenhängend und chronologisch erzählten Lage und Entwicklung werden somit in der Ästhetik Virginia Woolfs durch die Kategorie des Moments[6] in seiner zeitlichen ebenso wie in seiner dialektisch-philosophischen Bedeutung ersetzt: Das Ich zerfällt in Einzelaspekte, seine Vita in Einzelepisoden.

Die Personen existieren nur in ihrer Wahrnehmung durch andere, dienen diesen als Projektionsflächen; sie werden weniger durch unmittelbare Begegnung, durch physischen Kontakt, miteinander in Verbindung gebracht als durch ihre individuelle Reaktion auf gleiche Reize oder ihre Auseinandersetzung mit der nämlichen Vergangenheit. Interaktion findet nicht so sehr in der Realität als vielmehr im Bewusstsein statt, dadurch nämlich, dass Gedankenüberkreuzung, eine Art natürlicher Telepathie, die Figuren im gemeinsamen Gegenstand vereint. Jene einzelnen Momente werden in den Akten der Wahrnehmung und der Erinnerung aus dem Fluidum

---

5 Virginia Woolf: »Flying over London«, in: V.W.: *Collected Essays*, hrsg. von Leonard Woolf, Bd. 4. London: The Hogarth Press, 1967. S. 172.

6 Bezeichnenderweise trägt eine Essaysammlung Virginia Woolfs den Titel *The Moment*, während sowohl eine Kurzgeschichte wie auch die postum veröffentlichten autobiographischen Schriften mit *Moments of Being* überschrieben sind.

der Zeit und aus dem Kontinuum des Bewusstseins herausgelöst. Die Myriade von Sinneseindrücken und Gedankenassoziationen, denen jedes Individuum sich ausgesetzt sieht, wird umgekehrt durch die punktuelle Verankerung in einer an und für sich bedeutungslosen Außenwelt rhythmisch gegliedert, sei es durch die bleiernen Schläge Big Bens oder durch die Vorüberfahrt eines Automobils.

Zutritt zu dieser Innenansicht der Figuren erlangt der Leser mit Hilfe der angewendeten literarischen Verfahren: Prominente Mittel der Woolf'schen »Erzähl«kunst sind die ständige Verschiebung der Erzählperspektive von einer *persona* zur anderen, die Bewusstseins- und Erinnerungsstromtechnik, die Rückblende, der innere Monolog und die erlebte Rede. All dies nennt Virginia Woolf »Untertunnelungsvorgang«[7]: »Ich grabe herrliche Höhlen hinter meinen Charakteren.«[8] Ein System miteinander verbundener Höhlen tut sich auf, die in die Tiefen der Vergangenheit, zu den Ablagerungen von Gesteinsmassen des Bewusstseins führen.

Der Kategorie des Momentanen ist demnach die Kategorie des Simultanen beigesellt. Einerseits wird das räumlich weit Auseinanderliegende aneinandergefügt (die Beobachtung von Ereignissen auf verschiedenen Schau-

---

7 *The Diary of Virginia Woolf*, hrsg. von Anne Olivier Bell, Bd. 2: *1920–1924*. London: The Hogarth Press, 1978. S. 272. (15. Oktober 1923).

8 a. a. O., S. 263. (30. August 1923).

plätzen zum gleichen Zeitpunkt); andererseits wird das zeitlich weit Auseinanderliegende zusammengedacht (die Verschmelzung von Vergangenheit und Gegenwart im Bewusstsein). Da Virginia Woolf den »unablässigen Schauer zahlloser Atome«[9] ohne Abwehr und Zensur registriert, gelingt es ihr auch immer wieder, jenen nahezu mystischen Augenblick der Vision zu gestalten, in dem das Gesetz, dem unser Leben folgt, in völliger Klarheit vor uns steht, in dem das Lügengebäude, das wir so notgedrungen wie notdürftig errichten, um standhalten zu können, wie ein Kartenhaus in sich zusammenstürzt oder in dem – umgekehrt – die Poesie des Lebens, um Hegels Wendung von der »Prosa des Lebens« abzuwandeln, zu ekstatischer Prägnanz gelangt. Andererseits bieten jene Kristallisationspunkte, sei es in ihrer Wahrheit, sei es in ihrer Schönheit, keine Alternative zu dem Leben, dessen Kritik sie sind, sondern verstärken nur das Gefühl der Einsamkeit und der Vergeblichkeit, die resignierte Annahme dessen, was ist.

Und Einsamkeit ist das hervorstechendste Merkmal der Woolf'schen Figuren; je mehr sie sich in Gesellschaft bewegen, desto einsamer sind sie. Das Herzstück jeder Gesellschaft, das Gespräch, zeigt es an. Virginia Woolf fragt wie Jacques Lacan: »Kann im gegenwärtigen Zustand der Beziehungen zwischen menschlichen Wesen ein außerhalb der analytischen Situation gesprochenes Sprechen je ein volles Sprechen sein? Das Gesetz der Konversation,

---

[9] Virginia Woolf: »Modern Fiction«, in: V. W.: *The Common Reader*. London: The Hogarth Press, 1929. S. 189.

das ist die Unterbrechung. Der kurante Diskurs zielt immer auf die Verkennung, die die Triebfeder der Verneinung ist.«[10] Aber nicht auf der Couch des Analytikers und nicht in der Traumarbeit, sondern in den aufsteigenden Bildern der unwillkürlichen Erinnerung, im antizipierenden Tagtraum spricht sich das fiktive Subjekt aus. Indessen teilt es sich, sieht man vom Leser ab, nicht mit.

Die Monaden Virginia Woolfs vermögen es nicht, die Isolation zu durchbrechen, deren beredter Ausdruck das von wenigen laut geäußerten Halbsätzen unterbrochene Selbstgespräch ist. Eben aus diesem Grund richtet Virginia Woolf ihr Augenmerk auf die künstliche Stimmung der Party. Die Abendgesellschaft ist ein Mikrokosmos der Gesellschaft im Großen: »Denn eine Party macht die Dinge entweder sehr viel wirklicher oder sehr viel weniger wirklich« (»Das neue Kleid«, vgl. S. 62). Soziologie und Psychologie der Party enthüllen nach Woolfs Auffassung die Bestimmung des Menschen, für immer allein zu sein. Die Seele des Menschen ist »von Natur aus ungepaart […], ein Witwenvogel« (»Ein Resümee«, vgl. S. 78). Schon der Titel der Kurzgeschichte »Zusammen und getrennt« bringt es auf eine Formel.

Zugleich aber stilisiert Virginia Woolf die Party zum gesellschaftlichen Ritual, das den entwurzelten Geschöpfen Halt verschafft und Sinn verleiht: »Die Party ist die zeitweilige Herstellung von Gemeinschaft in einer Welt,

---

10 Jacques Lacan: *Freuds technische Schriften. Das Seminar I*. Olten / Freiburg i. Br.: Walter, 1978. S. 339.

in der dauernde Gemeinschaft unmöglich ist.«[11] Die Party triumphiert über die Nichtigkeit des Augenblicks, sie ist »das größte aller Wunder; die höchste Errungenschaft der Menschheit« (»Ein Resümee«, vgl. S. 75). Selbst nach Abzug der darin enthaltenen Ironie bleibt dieser Formulierung genügend Pathos – Pathos, das die entscheidende Schwäche in Virginia Woolfs Stoffwahl und Darstellungsweise bloßlegt. Die Gestehungskosten einer atomistischen Erzähltechnik, die ausschließlich mit den Präzisionsinstrumenten der Vergrößerung operiert, mit dem Mikroskop des inneren Monologs und dem Teleskop der Erinnerung, sind vergleichsweise hoch. Ihr geht das Gespür für das wirkliche Format ihrer Figuren verloren. Einer Erzählweise, der jeder Stoff, jedes Gefühl, jeder Gedanke gleich viel gilt, muss es an Sinn für Proportionen und Dimensionen gebrechen. Je feinfühliger und nuancenreicher die innere Erfahrung der Gestalten zergliedert wird, desto stärker droht die äußere Realität zu entgleiten – Gedächtniszugewinn geht mit Wirklichkeitsverlust einher, da die Erzählerin Figuren wie Lesern jede Unmittelbarkeit verwehrt. Die Sehschärfe dieser geschichtslosen Geschichten ist dergestalt mit Distanz erkauft, die Intimität des Blicks mit Leidenschaftslosigkeit, die Virtuosität der Schilderung mit einem Mangel an Vitalität. Virginia Woolfs Gestalten stürzen sich auf die Erfahrung und bleiben von ihr doch merkwürdig unberührt.

---

11 Elizabeth Ann Flynn: *Feminist Critical Theory. Three Models*. Diss. Ohio State University, 1977. S. 111.

In *Mrs Dalloway* wird die Enge des Alltags, da an ein bestimmtes exklusives soziales Milieu, an die aristokratisch-großbürgerliche Welt des Müßiggangs gebunden, zur Bühne der Großen Welt erhoben. Dahinter steht Virginia Woolfs liberal-aristokratischer Feminismus: »Die Aristokratie ist freier, natürlicher, exzentrischer als wir.«[12] Frauen seien ihrerseits freier als Männer, da sie aufgrund ihres Geschlechts zwar selbst keine Macht ausüben, wohl aber deren Früchte genießen können; doch können sie sich dieser Freiheit nur so lange erfreuen, wie sie an den Klassenprivilegien ihrer Ehemänner teilhaben.

Daher ist es die Privatsphäre der kultivierten Frau, die in *Mrs Dalloway* vorherrscht. Mrs Dalloways bloße Existenz, ihre schiere Präsenz (erinnert sei an den berühmten Schlusssatz des Romans: »Denn da war sie.«[13]) ist nicht nur ihr einziges Besitztum, sondern zugleich – als Gegenpol zur männlichen Welt der Akteure – ihr ungeheurer gesellschaftlicher Vorzug. Ob es sich um Mabel oder um Mrs Dalloway selbst handelt, der »Wunsch nach der sichtbaren Bedeutung ihres Lebens zielt auf das pompöse Ornament, auf den großen einmaligen Auftritt«[14], da Bedeutung ihnen andernfalls gänzlich abginge. In

---

12 Zit. n. Ann Haverty: »Virginia Woolf – A Problematic Woman«, in: *The Irish Times*, 10. September 1982. S. 10.

13 Virginia Woolf: *Mrs. Dalloway*. Aus dem Englischen übersetzt, mit einem Nachwort von Hans-Christian Oeser. Stuttgart: Reclam, 2012. S. 129.

14 Gisela von Wysocki: *Weiblichkeit und Modernität. Über Virginia Woolf*. Frankfurt am Main / Paris: Qumran, 1982. S. 82.

Mrs Dalloways entheroisierter Welt gewinnt das Triviale und Ephemere heroische Qualität, der Oberflächlichkeit einer sozialen Klasse wird mit Hilfe des »Untertunnelungsvorgangs« Tiefe beigemessen.

Zugleich ist das öffentliche Leben, das dieser Klasse vorbehalten ist, soweit überhaupt dargestellt, seiner politischen Dimension beraubt und auf die Ansprüche des Privaten zurückgestutzt. Die Miniaturen des vorliegenden Bändchens sind dem Roman *Mrs Dalloway* insofern überlegen, als sie Einblicke in die Gesellschaft des Großbürgertums gewähren, ohne diese ins Mythische zu überhöhen. In ihrem engen Rahmen erschließt sich inmitten der Fülle der Details die Dürre des Lebens, während der Roman die Party als Enklave der Menschlichkeit ausgibt.

Die Welt, die Virginia Woolf so lebendig porträtiert, scheint von einer eigentümlichen Totenstarre befallen. Obgleich die Autorin ganz auf Psychologie abzielt, führen ihre Figuren ein entseeltes Dasein. Da sie ihre Leidenschaften nie auszuagieren vermögen, sondern in ihrem Innersten verschlossen halten, wirken sie ebenso körperlos, wie sie sprachlos sind. Wiewohl eine Literatur des Augen-Blicks, nehmen sich Virginia Woolfs Kurzgeschichten seltsam unsinnlich aus. Ihre Gestalten sind, wie sie selbst reflektierte, Geister in einer Dämmerwelt.

Hans-Christian Oeser

Virginia Woolf

Virginia Woolf, geb. Stephen, (1882–1941) gilt als Englands größte Autorin der Moderne. Ihre Romane werden in einem Atemzug mit James Joyce und Marcel Proust genannt, zudem verfasste sie zahllose Essays und hinterließ umfangreiche Tagebücher. Obwohl Tochter einer wohlhabenden Intellektuellenfamilie – Thomas Hardy und Henry James gingen in ihrem Elternhaus ein und aus –, hat sie nie eine Schule, geschweige denn eine Universität besucht. 1917 gründete sie gemeinsam mit ihrem Mann Leonard Woolf den Verlag The Hogarth Press, in dem auch *Ein Zimmer für sich allein* erschien. Als Opfer sexuellen Missbrauchs in der Familie litt sie zeitlebens unter wiederkehrenden schweren Depressionen. Am 28. März 1941 fand ihr Mann einen Brief auf dem Kaminsims, der mit den Zeilen begann: »Liebster, ich fühle deutlich, dass ich wieder verrückt werde …« Virginia Woolfs Leiche wurde wenig später in einem nahegelegenen Fluss entdeckt.

Hans-Christian Oeser

Hans-Christian Oeser ist Herausgeber und Reisebuchautor. Als literarischer Übersetzer hat er sich u. a. um F. Scott Fitzgerald, Ian McEwan, Muriel Spark, William Trevor, Mark Twain und Ray Bradbury verdient gemacht und wurde mit zahlreichen Auszeichnungen geehrt, u. a. mit dem Heinrich Maria Ledig-Rowohlt-Preis, dem Helmut-M.-Braem-Übersetzerpreis und dem Straelener Übersetzerpreis.

*Bitte beachten Sie auch
die folgenden Seiten.*

DÖRLEMANN VERLAG

Jokha Alharthi
Herrinnen des Mondes
Roman
Aus dem Arabischen und mit
einem Nachwort von Claudia Ott

Das Dorf al-Awafi in Oman ist die Heimat dreier Schwestern: Mayya, die mit gebrochenem Herzen die Ehe mit Abdallah eingeht, Sohn des wohlhabenden Kaufmanns Sulayman. Asma, die aus Pflichtgefühl Khalid heiratet, einen selbstverliebten Künstler. Und Khawla, die alle Anträge ablehnt, während sie auf ihren Geliebten wartet, der nach Kanada ausgewandert ist und nur alle zwei Jahre zurückkehrt. Drei Frauen, drei Blickwinkel auf Oman und eine traditionelle Gesellschaft, die sich nach der Kolonialzeit zwischen Tradition und Moderne neu definieren muss – wie die Frauen auch. Und dann ist da noch die rätselhafte, betörende Zarifa, die als Sklavin nach Oman kam, von Sulayman gekauft und seine große Liebe wurde.

Ein vielstimmiger Roman über das Leben, Lieben
und die Träume von Frauen in einer traditionell
patriarchalischen islamischen Gesellschaft.

Ausgezeichnet mit dem International Booker Prize

DÖRLEMANN VERLAG

Penelope Mortimer
Lieben und lügen
Roman

Aus dem Englischen von F.G.U. Glass
Mit einem Nachwort von Manuela Reichart

Mrs. Armitage will mehr. Sie ist mit Anfang Dreißig in den besten Jahren, hat eine beträchtliche Anzahl von Kindern, ihr vierter Mann ist erfolgreicher Drehbuchautor, und doch fehlt etwas. Vielleicht noch ein Kind? Ihr Mann ist strikt dagegen und schickt sie zum Psychiater, um ihr diesen Wunsch ausreden zu lassen. Nach und nach entfaltet sich dort die Geschichte einer Frau, die sich als Mutter, Partnerin und Hausfrau an den großen und kleinen Zumutungen des Alltags abarbeitet, bis ihr schließlich nach einem Zusammenbruch bei Harrod's die Erkenntnis dämmert, dass Ehe und Familie nicht die Antwort auf alle Fragen des Lebens sind.

»Ein raffiniertes, faszinierendes, genaues Buch… durchdrungen von menschlicher Realität und Zerbrechlichkeit, unsentimental und amüsiert… So berührend, so lustig, so verzweifelt, so lebendig… Ein tolles Buch, ein wahres Lesevergnügen.«
The New York Times